Zehn Lösungen aus dem bürgerlichen Recht

(BGB. Schuldverhältnisse)

der

Staatsprüfungs-Aufgaben 1927–1932

Herausgegeben nebst Anleitung zur Bearbeitung von Staatsprüfungsaufgaben

von

Dr. Adolf Schnabl

Amtsgerichtsrat in Sonthofen

1933

München, Berlin, Leipzig

J. Schweitzer Verlag (Arthur Sellier)

Zehn Lösungen aus dem bürgerlichen Recht (BGB. Schuldverhältnisse)

der

Staatsprüfungs-Aufgaben 1927-1932

Herausgegeben nebst Anleitung zur Bearbeitung von Staatsprüfungsaufgaben

von

Dr. Adolf Schnabl
Amtsgerichtsrat in Sonthofen

1933
München, Berlin, Leipzig
J. Schweitzer Verlag (Arthur Sellier)

Druck von Dr. F. P. Datterer & Cie., Freising-München.

Vorwort.

In Fortsetzung der von meinem hochverehrten Lehrer und späteren Vorgesetzten Herrn Reichsgerichtsrat Ferdinand Gerlach, Leipzig, begonnenen Veröffentlichung der Lösung von Staatsprüfungsaufgaben habe ich die Bearbeitung des 2. Bändchens „Zehn Lösungen aus dem bürgerlichen Recht (BGB. Schuldverhältnisse)" übernommen. Ausgewählt wurden die lehrreichsten Prüfungsarbeiten aus den Staatsprüfungen 1927 mit 1932, wobei besonders die seit dem Jahre 1928 wieder zur Bearbeitung gestellten sog. **„praktischen Fälle"** in bevorzugtem Maße Berücksichtigung fanden.

Die vorliegenden Lösungen sind nicht **„Musterlösungen"**, d. h. Lösungen, welche den Korrektoren der Prüfungsarbeiten für die Korrektur und Benotung seitens des Prüfungsausschusses an die Hand gegeben wurden. Es handelt sich vielmehr um vertretbare Lösungen, die eine natürliche und praktische Begründung geben sollen, wobei ohne weiteres eingeräumt werden mag, daß bei entsprechender Begründung auch abweichende Ansichten Anspruch auf Richtigkeit erheben können.

Nach den einschlägigen für Korrektur und Benotung von Staatsprüfungsaufgaben maßgebenden Bestimmungen hat es bei Beurteilung der Arbeiten weniger darauf anzukommen, ob das vom Prüfling gefundene Endergebnis mit dem in der amtlichen Musterlösung aufgenommenen Ergebnis übereinstimmt; das Hauptaugenmerk ist vielmehr darauf zu richten, wie der Prüfling die von ihm gegebene Lösung begründet, welches Maß von Fähigkeiten und Kenntnissen, welches Verständnis, welchen Grad von Schärfe der Auffassung und Unterscheidungsvermögen und welche Gewandtheit in der Entwicklung und Darstellung seiner Gedanken er gezeigt hat. Der Prüfling soll beweisen, daß er innerhalb der verfügbaren Zeit bei aller möglichen und nötigen Kürze doch eine exakte und erschöpfende, in der Form prägnante und sprachlich mindestens einwandfreie Ausarbeitung einer Prüfungsarbeit mit einer dem natürlichen Rechtsempfinden entsprechenden Begründung liefern kann.

Bei den vorliegenden Lösungen, die allerdings in einer die vorgeschriebene Zeit erheblich überschreitenden Bearbeitungszeit entstanden sind, wurde im Interesse der Anregung zum Selbststudium mancher Fragenkomplex ausführlicher und eingehender behandelt, als dies in der Prüfung selbst möglich und nötig ist. In der Staatsprüfung kann manche der hier einige Zeilen umfassenden Begründungen lediglich durch Zitat der einschlägigen Gesetzesbestimmungen richtig und genügend gegeben werden. Maßgebend bei der etwas umfangreicheren Ausarbeitung war für mich die Absicht, auch den jüngsten der im Vorbereitungsdienst stehenden Kollegen eine erfolgreiche Benützung der „Lösungen" zu ermöglichen. Die im fortgeschritteneren Vorbereitungsstadium stehenden Referendare haben sich durch ihre Beschäftigung bei Gerichten und in Anwaltskanzleien voraussichtlich bereits angewöhnt, mit kurzen Worten und lediglich durch Zitat der Gesetzesstellen, selbst im Telegrammstil, eine erschöpfende Begründung der vertretenen Ansicht zu geben.

Für die Bearbeitung von Staatsprüfungsaufgaben selbst und Verwendung der vorliegenden bzw. der in den zahlreichen Unterrichtskursen verabfolgten Lösungen seien einige „Verhaltungsmaßregeln", die ich selbst als zweckentsprechend während meines eigenen Vorbereitungsdienstes erkannte und die mir auch während der Staatsprüfung sehr zustatten kamen, angegeben:

1. Im Ernstfalle, d. h. **in der Prüfung**, sollte nach folgenden Gesichtspunkten verfahren werden:

Die Bearbeitung einer Aufgabe beginnt man damit, daß man zunächst die „Aufgabe" selbst, d. h. die am Ende des Textes gestellten Fragen durchliest. Man ersieht hieraus sofort, ob ein Urteil, eine Entscheidung der höheren Instanz, ein Rechtsgutachten usw. zu fertigen ist oder ob es sich um die Beantwortung von Fragen, z. B. in Form von Stellungnahme zu einzelnen geltendgemachten Ansprüchen usw., handelt. Mit dieser so gewonnenen Einstellung zur Aufgabe lese man den Text von Anfang bis zum Ende ruhig durch, ohne daß man sich gleich in Einzelfragen vertiefen darf. Beim **Tatbestandsstudium** gleich mit dem Nachschlagen in Kommentaren zu beginnen, ist falsch!

Während des erstmaligen Studiums versuche man, einen Überblick über den Tatbestand zu gewinnen, zeichne sich die vorkommenden Namen, womöglich unter Verwendung verschiedener Farbstifte, an und bereite eine zweckentsprechende Disposition gleich vor.

Die Disposition ergibt sich meistens aus der Fragestellung der Aufgabe selbst; manchmal erscheint es zweckmäßig, die Disposition nach den Ansprüchen der einzelnen Beteiligten, manchmal nach gewissen Begebenheitskomplexen, manchmal nach wieder anderen Gesichtspunkten anzulegen. Eine gewisse Übung wird hier im Laufe der Zeit den Bearbeiter das Richtige treffen lassen.

Hat man durch zwei- bis dreimaliges aufmerksames Durchlesen des Textes einen Überblick über den Tatbestand gewonnen, so beginnt man mit dem **Entwurf**, d. h. mit der systematischen Durcharbeitung und Lösung der Aufgabe durch Anfertigung von Notizen, kurzen Auszügen aus Kommentaren usw. Nicht zu empfehlen ist es, die Lösung „aufzusetzen“ und dann erst reinzuschreiben; dazu ist im Examen keine Zeit!

Bei auftauchenden Zweifeln entschließe man sich möglichst rasch zu einer vernünftig erscheinenden Entscheidung samt etwas eingehender Begründung und halte dann an dieser Stellungnahme folgerichtig die ganze Aufgabe durch fest. Nichts ist zeitraubender als langes Zaudern in der inneren Entschließung. Wie im Leben und im Beruf, so müssen auch im Examen manche Fragen durch **mutiges Zerhauen des gordischen Knotens** gelöst werden! Der Mut, sich schnell zu einer eigenen billig erscheinenden Ansicht durchzuringen, ist entschieden höher einzuschätzen als eine vor lauter Bedenken sich selbst nicht klar werdende Lösung.

Jedenfalls aber muß die einmal vertretene Ansicht im weiteren Verlauf der Aufgabe beibehalten werden; nichts ist schlimmer für einen Juristen als ein logischer Fehler!

Ist man auf diese Weise allmählich an das Ende des Aufgabentextes gelangt, so versuche man an Hand der gefertigten

Notizen in möglichst gut und konsequent durchgeführter Disposition, in klarer knapper Fassung und einwandfreier äußerer Form (gut leserliche deutsche Schrift, wenig Korrekturen, Vermeidung unnötiger Fremdworte usw.) die Aufgabe reinzuschreiben. Kommentare sollten während der **Reinschrift** nur noch ausnahmsweise, höchstens zur Fixierung wesentlicher für den Aufbau der Arbeit entscheidender Stellungnahmen, benützt werden.

Man versuche, möglichst in eigenen Worten das Ergebnis der während des Entwurfes gefertigten Notizen, Kommentarauszüge usw. in der Reinschrift niederzulegen.

Gegen Ende der für die Bearbeitung vorgesehenen Zeit muß die Arbeit unter allen Umständen zum Abschluß gebracht werden, auch wenn dies nur noch mit knapper Begründung möglich sein sollte!

2. Bei Bearbeitung von Aufgaben **außerhalb der Staatsprüfung**, die grundsätzlich nach dem für den Ernstfall eben beschriebenen Schema durchgeführt werden sollte, ist eine Reihe weiterer Vorschläge zu beachten.

a) Der Bearbeiter versuche vor allem, die von ihm in Angriff genommene Arbeit **vollständig zu lösen** und **schriftlich niederzulegen.** Gerade dadurch zwingt man sich selbst, die Lösung folgerichtig aufzubauen, und entgeht der Gefahr, die wirklichen Probleme der Aufgabe zu verkennen. Bei schriftlicher Verabfassung prägen sich die vielleicht tatsächlich gezogenen Fehlschlüsse viel intensiver dem Gedächtnis ein und verhüten mehrmalige, vielleicht gerade in der Prüfung folgenschwere Wiederholung des Fehlers.

Verfehlt wäre es, die Aufgabe nur überschlagsweise innerhalb weniger Minuten im Kopfe zu lösen, um dann sofort auf die „Lösungen" zurückzugreifen und festzustellen, was man getroffen hat. Erst nach vollständiger schriftlicher Lösung nehme man die gebotene Lösung zur Hand und vergleiche nun kritisch-sichtend das selbstgefundene Ergebnis mit dem Ergebnis der Lösung. Bei etwas Willenstraining wird es auch gelingen, die Lösung ungeöffnet bis zur Beendigung der eigenen Arbeit liegen zu sehen.

b) Die Aufgaben innerhalb der vorgeschriebenen Zeit lösen zu können, ist für den Anfänger nicht möglich. Wie jede Tätigkeit, so erfordert auch das Lösen von Staatsprüfungsaufgaben eine gewisse Routine, die erst im Laufe der Zeit durch oftmalige Bearbeitungen von den verschiedenartigsten Aufgaben gewonnen werden wird. Der Anfänger versuche, die Probleme der Aufgabe richtig zu erkennen; gelegentlich der Bearbeitung auftauchende Unklarheiten müssen sofort mit Hilfe von Kommentaren, Lehrbüchern usw. **ein für allemal** klargestellt und für spätere Fälle geistig verarbeitet werden. In den Hilfsmitteln selbst mache man sich entsprechende Notizen (Anstreichen, Unterstreichen, womöglich mit Farbstiften); auf diese Weise verschafft man sich in seinen Büchern eine gewisse Lokalkenntnis, die in der Prüfung selbst durch Vermeidung unnötigen Suchens viel Zeit ersparen kann.

c) Bei fortschreitender Routine muß jedoch gegen Ende des Vorbereitungsdienstes der Prüfling, der sich selbstverständlich auch auf dem Gebiete der Rechtsprechung auf dem Laufenden halten muß, versuchen, die Aufgaben „**nach der Uhr**" rein examensmäßig innerhalb der vorgesehenen Zeit zu lösen. An derartigen Bearbeitungen soll der Prüfling das vorhandene **Lampenfieber überwinden** lernen; er wird mit einem viel größeren Gefühl der Sicherheit im Ernstfall an die Bearbeitung der Aufgaben herangehen, wenn er weiß, daß es ihm bereits vor der Prüfung gelungen ist, eine stattliche Anzahl von Aufgaben rein examensmäßig, womöglich noch mit gutem Ergebnis, zu lösen.

d) Daß mindestens 8 Wochen vor der Staatsprüfung die intensive Vorbereitung allmählich abgebaut und in **ausgiebige Erholung** für das auch in körperlicher Beziehung anstrengende Staatsexamen übergeleitet werden muß, mag nur angedeutet werden. Am besten ist dies möglich durch leichte Betätigung im Sport.

Zum Schlusse wünsche ich allen jungen Kollegen, die heute noch unter ungemein schwereren Bedingungen sich der für die weitere Zukunft ausschlaggebenden Staatsprüfung unterziehen müssen, guten Erfolg. Dem Mutigen und Tüchtigen gehört immer noch die Welt.

Sonthofen, den 16. September 1932.

Dr. Schnabl.

Inhaltsverzeichnis.

*) = praktischer Fall, zählt für die Bearbeitung und Benotung als zwei Aufgaben.

Abkürzungen.

Staud.	=	Staudinger, Kommentar zum BGB., 9. Auflage.
Achilles-Gr.	=	Achilles-Greiff, BGB., 12. Auflage.
Staub	=	Staub, Kommentar zum HGB., 12. Auflage.
Stein-J.	=	Stein-Jonas, Kommentar zur ZPO., 12./13. Auflage.
Litthauer-M.	=	(Litthauer)-Mosse-Heymann, HGB., 17. Auflage.
RGZ.	=	Entscheidungen des Reichsgerichts in Zivilsachen, Amtliche Sammlung.
Anm.	=	Anmerkung.

Paragraphen ohne nähere Bezeichnung sind solche des BGB.

Staatsprüfung Mai 1927, I. 1.

I. Das erste Darlehen von 12000 RM.

1. Max und Anna Strobl haben in rechtswirksamer Weise durch Urkunde vom 15. Januar 1925 Bürgschaft geleistet; der Formvorschrift des § 766 ist genügt. Anna Strobl ist gem. § 1399 zur Übernahme einer Bürgschaft befugt, sie kann demnach durch ihren Ehemann die Bürgschaftsurkunde unterzeichnen lassen. Eigenhändige Unterzeichnung durch Anna Strobl ist vorliegenden Falles, entgegen der später vertretenen Ansicht, nicht erforderlich; ebenso bedarf die Vollmacht zur Unterzeichnung der Bürgschaftserklärung nicht der Einhaltung der für die Bürgschaftserklärung selbst vorgeschriebenen Form (Staud. § 766 Anm. 1 b δ).

Die Beschränkung der Haftung auf den Höchstbetrag von 6000 RM. ist als zulässig zu erachten; Max und Anna Strobl haften je bis zu dem genannten Betrag als Selbstschuldner (§§ 771, 773 I Ziff. 1) gesamtschuldnerisch (§ 769) für das von Hirsch an Knoll bis 1. Juli 1925 gegebene Darlehen. Durch die von Hirsch nachträglich gewährte Stundung bis 1. Januar 1926 werden die Bürgen von der übernommenen Bürgschaft **nicht** frei. Es ist die Bestimmung des § 767 I Satz 3 auch auf einen zwischen dem Gläubiger und dem Hauptschuldner abgeschlossenen Stundungsvertrag zu beziehen; dieser kommt zwar von selbst dem Bürgen zustatten (RGZ. Bd. 56 S. 310), ist aber, wenn der Bürge mit der Stundung nicht einverstanden ist, nicht ohne weiteres gegen diesen wirksam. Indes gilt dies nach der angezogenen Gesetzesvorschrift nur insoweit, als durch die Stundung die Verpflichtungen des Schuldners gegenüber demjenigen Vertrag, für dessen Erfüllung die Bürgschaft übernommen wurde, erweitert werden, also die Lage des Bürgen verschlechtert oder der Inhalt der ihm nach dem Bürgschaftsvertrag obliegenden Pflichten zu seinem Nachteil geändert werden würde, wenn ihm die

Erfüllung des Vertrages, wie dieser sich durch die Stundung gestaltet hat, angesonnen würde. Dagegen liegt kein zureichender Grund für die Annahme vor, daß der Bürge die Haftung für Leistungen, zu denen der Hauptschuldner auch nach dem von der Bürgschaft umfaßten Vertrage oder infolge von Verzug oder Verschulden verpflichtet gewesen wäre, allein deshalb ablehnen dürfe, weil diese Verpflichtungen zum Gegenstande eines nachträglich zwischen dem Gläubiger und dem Hauptschuldner geschlossenen Vertrages gemacht worden sind und infolgedessen die Leistungen nunmehr vom Hauptschuldner aus diesem späteren Vertrage geschuldet werden (RGZ. Bd. 59 S. 223 ff.). Nach Sachlage ist durch die gewährte Stundung, da weitere erschwerende Bedingungen seitens des Hirsch nicht gestellt wurden, eine Verschlechterung der Lage der Bürgen n i c h t eingetreten.

Auch aus dem Gesichtspunkt des § 777 (Verbürgung auf bestimmte Zeit) kann ein Erlöschen der Bürgschaft der Eheleute Strobl nicht hergeleitet werden. Aus der Fassung der Erklärung, daß die Bürgschaft „wegen des von Hirsch dem Knoll bis 1. Juli 1925 gewährten Darlehens von 12000 RM." übernommen werde, kann nicht geschlossen werden, daß die Bürgen ihre Haftung zeitlich begrenzen wollten (Staud. § 777 Anm. 2c). Eine aus den Umständen des Falles entnommene Begrenzung auf einen Zeitraum, in dem bei ordnungsmäßiger Erledigung des Geschäftes die Zahlung zu erwarten ist, liegt vor, wenn sie nach den objektiven, aus der kaufmännischen Erfahrung sich ergebenden Umständen mit hinlänglicher Sicherheit festgestellt werden kann (RGZ. Bd. 107 S. 194/196). Nach Sachlage bestehen keine genügenden Anhaltspunkte dafür, daß die Bürgen mit einer bereits nach wenigen Monaten, d. h. bis zum 1. Juli 1925 ohne Schwierigkeiten sich vollziehenden Rückzahlung des Darlehens rechnen konnten.

2. Haas ist nicht als Kaufmann im Sinne des HGB. zu erachten. Handelsgrundgeschäfte nach § 1 II HGB. sind Erteilung von Rat, Empfehlung, Auskunft **nicht**; die Inhaber von Auskunfteien sind daher nicht Kaufleute kraft Gewerbes (Staub, § 349 Anhang Anm. 2). Wohl aber können Erteilung von Rat und Auskunft Handelsgrundgeschäfte nach § 2 HGB.

sein; sie sind dies, wenn sie den Gegenstand eines gewerblichen Unternehmens bilden, das nach Art und Umfang einen kaufmännisch eingerichteten Geschäftsbetrieb erfordert, wobei allerdings die Eintragung der Firma erforderlich ist (Staub a. a. O. Anm. 3). Weder der Fall des § 1 noch des § 2 HGB. trifft bei dem Auskunftsbüro des Haas zu.

Die von Haas übernommenen Bürgschaften bedeuten für ihn kein Handelsgeschäft (§ 343 HGB.), so daß § 350 HGB. nicht Platz greifen kann; seine gelegentlich der Besprechungen mit Hirsch abgegebene Erklärung, eine schriftliche Bürgschaftserklärung sei nicht nötig, da er als Kaufmann zu gelten habe, ist rechtsirrig; es gelten vielmehr die allgemeinen Formvorschriften des § 766 BGB.

Die Bürgschaften des Haas, die sich bezüglich eines Betrages von 3000 RM. als **selbstschuldnerische** Bürgschaft (§§ 771, 773 I Ziff. 1), bezüglich eines Betrages von weiteren 6000 RM. als **Nachbürgschaft** (Staud. § 765 Anm. 9a) darstellen, sind nichtig: § 125 (Staud. § 766 Anm. 2). Eine nachträgliche Heilung ist nicht eingetreten (§ 766 Satz 2).

Wenn auch der Ansicht des Haas, daß die übernommene Bürgschaft am 1. Juli 1925 erloschen sei, aus den bereits unter I, 1 ausgeführten Gründen nicht beigetreten werden kann, so stehen trotzdem Hirsch aus Bürgschaft irgendwelche Ansprüche gegen Haas nicht zu.

Dafür, daß Haas in Kenntnis der Nichtigkeit der Bürgschaftserklärung den Hirsch betrügerisch zur Hergabe des Darlehens bestimmte, liegen Anhaltspunkte nicht vor; die Anwendbarkeit des § 826 hat demnach auszuscheiden.

II. Das zweite Darlehen von 12000 RM.

1. Bezüglich der als Vorbehaltsgut geltenden Villa (§§ 1365ff., 1371, 1427ff.) hat Anna Strobl die Stellung einer unverheirateten Frau (Staud. § 1426ff. Vorb. Anm. 1 Abs. 2); sie bedurfte zur Bestellung der Sicherungshypothek im Höchstbetrag von 4000 RM. (§ 1190) **nicht** der Zustimmung ihres Ehemannes. Der Eintrag dieser Hypothek erfolgte am 24. Juli 1925 ordnungsgemäß im Grundbuch. Die von Max

Strobl für das neue Darlehen in voller Höhe übernommene selbstschuldnerische Bürgschaft (§§ 771, 773 I Ziff. 1) ist in rechtswirksamer Weise (§ 766) entstanden.

2. Die schriftlich erklärte Bürgschaft (§ 766) des Schwab beschränkte zulässigerweise den Betrag und die selbstschuldnerische Haftung auf 4000 RM., wobei Schwab ausdrücklich nur für die Verbindlichkeiten des Max Strobl aus dem zweiten Darlehen einstehen will: **Nachbürgschaft** (Staud. § 765 Anmerk. 9a). Da dem Hauptbürgen Max Strobl die Einrede der Vorausklage nicht zusteht, kann auch der Nachbürge Schwab nicht vorherige Zwangsvollstreckung gegen den Hauptschuldner verlangen (Staud. § 771 Anm. 6a).

3. Weiß übernimmt in rechtswirksamer Weise schriftlich (§ 766), beschränkt auf den Betrag von 8000 RM., die selbstschuldnerische Bürgschaft (§§ 771, 773 I Ziff. 1) für die zweite Darlehensschuld des Knoll; er kann sohin auch als Bürge von Hirsch in Anspruch genommen werden.

4. Mehrere für dieselbe Schuld bestellte Bürgen haften als **Gesamtschuldner,** auch wenn sie nicht gemeinschaftlich die Bürgschaft übernehmen: § 769.

5. Die von Leicht zur Sicherung der Eheleute Strobl abgegebene Verpflichtungserklärung ist als **Rückbürgschaft** zu betrachten; dem Rückbürgen steht die Einrede der Vorausklage zu (Staud. § 765 Anm. 9b, § 771 Anm. 6b). Die Formvorschrift des § 766 ist erfüllt. In der fraglichen Verpflichtungserklärung ist der Schuldgrund angegeben, es liegt demnach nicht eine nur allgemeine und infolgedessen nicht gültige Erklärung vor. Für die Annahme der Bürgschaftserklärung ist Schriftform nicht erforderlich (RGZ. Bd. 57 S. 66).

III. Der Gesellschaftsvertrag vom 10. Januar 1926.

1. Zwischen Knoll und Lutz war eine Gesellschaft des Bürgerlichen Rechts (§§ 705 ff.) entstanden. Der **gemeinschaftliche Zweck,** zu dessen Erlangung sich die beiden Gesellschafter verbunden haben, ist aus dem Gesellschaftsvertrag zur Genüge ersichtlich. Die Einlage des Knoll (§ 706) bestand in der Einbringung des Grundstücks; der Formvorschrift des § 313

ist durch den notariellen Vertragsabschluß genügt. Das Grundstück wird Gesamthandseigentum; Knoll und Lutz sind im Hinblick auf § 269 der Dienstvorschriften für die Grundbuchämter im Grundbuch als Miteigentümer zur gesamten Hand einzutragen.

Der von Lutz zu leistende Beitrag (§§ 705, 706) bestand in einer Bareinlage und in der allerdings **nur** das **Innenverhältnis betreffenden** Übernahme der gesamtschuldnerischen Mithaftung für die beiden Darlehensschulden des Knoll. Dem Gläubiger Hirsch gegenüber hat Lutz weder eine Bürgschaft übernommen (§§ 765 ff.) noch eine Schuldübernahme erklärt (§ 414). Die Darlehensschulden des Knoll bleiben **dessen persönliche Verpflichtungen**, ohne daß Hirsch — mangels irgendwelcher dinglichen Sicherung — sich an das im Eigentum der Gesellschaft befindliche Grundstück halten kann. Hirsch kann höchstens den Anteil des Knoll am Gesellschaftsvermögen pfänden lassen und dann die Gesellschaft durch sofortige Kündigung (§ 725) zur Auflösung bringen (§ 730).

2. Wenn jedoch Hirsch unter Übergehung des Hauptschuldners seine Befriedigung bei den als Selbstschuldner haftenden Bürgen sucht, so können die nunmehr in Anspruch genommenen Personen den Gläubiger nicht unter Bezugnahme auf den Gesellschaftsvertrag an Lutz verweisen. Dies ergibt sich aus den unter III, 1 ausgeführten Gründen, wenn auch zugegeben werden muß, daß der neugegründeten Gesellschaft und damit auch indirekt dem Lutz die aufgenommenen Darlehen zugute gekommen sind.

Eine Benachteiligung der Gläubiger des Knoll ist durch den Abschluß des Gesellschaftsvertrages und durch die Anwesensveräußerung nicht eingetreten, da eine dingliche Sicherung für die übernommenen Verpflichtungen nicht bestanden hat.

a) Max Strobl haftet für das **erste** Darlehen als selbstschuldnerischer Bürge bis zum Betrage von 6000 RM. (I, 1), für das **zweite** Darlehen kann er in voller Höhe von 12000 RM. als selbstschuldnerischer Bürge in Anspruch genommen werden (II, 1).

b) Anna Strobl haftet für das **erste** Darlehen ebenfalls

als selbstschuldnerischer Bürge bis zum Betrage von 6000 RM. (I, 1); für das **zweite** Darlehen kann sie aus der Höchstbetragssicherungshypothek in Höhe von 4000 RM. in Anspruch genommen werden.

c) Gegen Haas stehen dem Gläubiger keinerlei Ansprüche zu (I, 2).

d) Schwab haftet bezüglich des **zweiten** Darlehens in Höhe von 4000 RM. als Nachbürge, wobei ihm die Einrede der Vorausklage nicht zusteht (II, 2).

e) Weiß kann bezüglich des **zweiten** Darlehens als selbstschuldnerischer Bürge bis zum Betrage von 8000 RM. in Anspruch genommen werden (II, 3).

f) Leicht kann seitens des Hirsch nicht in Anspruch genommen werden, da dieser nur den Eheleuten Strobl gegenüber als Rückbürge haftet (II, 5).

IV. Die Zahlungen des Max Strobl.

1. a) Insoweit Max Strobl die Zahlungen an Hirsch als selbstschuldnerischer Bürge leistet (bezüglich des ersten Darlehens in Höhe von 6000 RM. und bezüglich des zweiten Darlehens in voller Höhe von 12000 RM: siehe oben III 2a), gehen die Forderungen des Hirsch gegen Knoll auf ihn über: § 774.

b) Im Verhältnis zu den Mitbürgen ist davon auszugehen, daß Ansprüche des Hirsch gegen diese nicht mehr bestehen: §§ 769, 421. Kraft des nach § 426 II eingetretenen **Forderungsüberganges** kann Max Strobl von den als Gesamtschuldnern haftenden Mitbürgen anteilsmäßige Beteiligung verlangen, und zwar bezüglich des ersten Darlehens von seiner Ehefrau Anna Strobl, bezüglich des zweiten Darlehens von Weiß, wobei jedoch zu berücksichtigen ist, daß Anna Strobl nur bis zum Betrage von 6000 RM. und Weiß nur bis zum Betrag von 8000 RM. haftet.

Gegen Schwab stehen dem Strobl keine Ansprüche zu, da es sich nur um eine für den Fall des Unvermögens des Max Strobl in Wirksamkeit tretende Nachbürgschaft handelt.

c) Der Rückbürge Leicht kann von Max Strobl bezüglich

des ersten Darlehens in Höhe von 6000 RM. und bezüglich des zweiten Darlehens in voller Höhe von 12000 RM. in Anspruch genommen werden.

2. Zu der Leistung von **weiteren 6000 RM.** für das erste Darlehen war Max Strobl auf Grund der übernommenen Bürgschaft **nicht verpflichtet,** wohl aber berechtigt: § 267. Insoweit handelte er als Geschäftsführer ohne Auftrag und kann im Hinblick auf §§ 683, 670 von Knoll Ersatz verlangen.

Gegenüber anderen Personen steht dem Max Strobl ein Ersatzanspruch nicht zu.

3. Gegen den Gesellschafter Lutz kann Max Strobl aus keinem Gesichtspunkt Ansprüche erheben: dieser haftet weder als Mitbürge noch als Geschäftsherr.

Staatsprüfung November 1927, I. 1.

I. Die bestehenden Ansprüche vor Abschluß des Vergleichs.

1. Der Vertrag H.V.G. — Hopf.

a) Die von Schwarz, Weiß und Grün im April 1926 gegründete H.V.G. stellt sich als Gesellschaft im Sinne der §§ 705ff. dar: Personalgesellschaft ohne eigene Rechtspersönlichkeit; Träger der Rechte und Pflichten sind die einzelnen Gesellschafter, Gesamthandsgemeinschaft. Ob eine Eintragung in das Handelsregister möglich und notwendig war, ist nicht zu prüfen, da bis zur Eintragung eine bürgerlich-rechtliche Gesellschaft vorliegt. Der nach dem Gesellschaftsvertrag zur Führung der Geschäfte allein befugte Gesellschafter ist Grün (§ 710).

Das von Grün in rechtsgültiger Weise namens der H.V.G. dem Hopf gemachte Angebot — 100 cbm geschlagenes Buchenholz zum Preise von 80 RM. für den cbm ab Wald — (§145), wurde von Hopf drahtlich angenommen; der Vertrag ist am 2. Mai 1927 zustandegekommen. Da seitens des Hopf die Mitteilung unterblieb, daß er für Rechnung der M.D. handle **(mittelbare Stellvertretung)**, wird aus dem abgeschlossenen Vertrag er als Kontrahent im eigenen Namen berechtigt und verpflichtet: § 164 II (Staud. § 164 Anm. 3b Abs. 1; RGZ. Bd. 58 S. 275ff.); der M.D. stehen aus dem Vertrag vom 2. Mai 1927 keinerlei Rechte zu. Von einer gegen Treu und Glauben verstoßenden, die Nichtigkeit des ganzen Vertrages nach § 138 I herbeiführenden Handlungsweise des Hopf kann, entgegen der von Grün vertretenen Ansicht, nicht die Rede sein; das Gesetz hat ja sogar diesen speziellen Fall bei der in § 164 II getroffenen Regelung im Auge gehabt.

b) Weil Hopf der ihm aus dem abgeschlossenen Kaufvertrag obliegenden Pflicht zur Abnahme (§ 433 II), die hier mit Rücksicht auf die Besonderheit des Falles (Verkauf der abgeholzten Waldparzelle als Bauplatz) als Hauptverpflichtung zu erachten ist, nicht nachkam (Schuldnerverzug), konnte Grün gem. § 326 rechtswirksam eine Nachfrist setzen mit der Erklärung, daß nach fruchtlosem Ablauf die H.V.G. vom Vertrage zurücktreten würde (Staud. § 433 Anm. IX 2 e *α*, § 326 Anm. B I 1b). Die am 10. Mai 1927 bis 15. Mai 1927 gesetzte Nachfrist ist als angemessen zu erachten; der Abtransport von 100 cbm Holz kann innerhalb dieser Zeit ohne sonderliche Schwierigkeiten durchgeführt werden (Staud. § 326 Anm. B I 2). Die Wirkungen der Nachfristsetzung treten ein, wenn die Leistung nicht rechtzeitig, d. h. nicht innerhalb der Nachfrist erfolgt ist (Staud. § 326 Anm. B I 3b). Nur in zwei Fällen treten **ausnahmsweise** diese Wirkungen nicht ein:

aa) Wenn die dem Schuldner obliegende Leistung während des Laufes der Nachfrist unmöglich wird (Staud. § 326 Anm. B I 3c aa),

bb) wenn die Leistung innerhalb der Nachfrist zwar nur teilweise, aber bis auf einen geringfügigen Rest bewirkt wird (Staud. § 326 Anm. B I 3c bb).

Das vom 10. bis 15. Mai 1927 anhaltende Unwetter ist nicht als Umstand zu erachten, der die Wirkungen der rechtswirksam gesetzten Nachfrist aufzuheben vermag. Es liegt keiner der beiden unter **aa** und **bb** dargelegten Ausnahmefälle vor; insbesondere trifft der unter **aa** besprochene Fall nicht zu, da dieser Fall eine dauernde Unmöglichkeit (z. B. Zerstörung des Holzes durch Brand) im Auge hat, während es sich nach Sachlage nur um eine vorübergehende, nur einige Tage dauernde „Unmöglichkeit" des Abtransportes handelt.

Mit dem Ablauf der Nachfrist war der Erfüllungsanspruch des Gläubigers untergegangen. Daß der Schuldner Hopf am Tage nach Ablauf der Nachfrist (16. Mai 1927) die Leistung anbietet, ist belanglos; denn der erloschene Anspruch kann nicht mehr erfüllt werden (Staud. § 326 Anm. B I 3a).

Hopf kann aus dem Vertrag vom 2. Mai 1927 keinerlei Rechte mehr herleiten: ein Anspruch auf Lieferung des Holzes zum Preise von 80 RM. für den cbm, ferner ein Schadenersatzanspruch in Höhe von 4000 RM. (entgangener Gewinn: § 252) besteht nicht. Die von Hopf und Manz gelegentlich der Besprechung vom 20. Mai 1927 vertretene gegenteilige Ansicht ist unrichtig.

2. **Der Vertrag H.V.G.—M.D.**

a) Manz ist als Geschäftsführer der M.D. zu rechtswirksamer Vertretung dieser G. m. b. H. berechtigt: § 35 G.m.b.H.-Gesetz. Nachdem der auf Anfrage des Manz seitens des Grün gemachte Antrag (Kaufpreis 100 RM. für den cbm, Eigentumsvorbehalt bis zur völligen Zahlung des Kaufpreises) infolge der von Manz verlangten weiteren Bedingung bezüglich der Versendung als abgelehnt zu gelten hat (§ 150 II), kam der Vertrag zwischen M.D. und H.V.G. am 17. Mai 1927 durch Annahme des von Manz gemachten Vertragsangebotes durch Grün zustande.

b) Als Erfüllungsort für den am 17. Mai 1927 abgeschlossenen Kaufvertrag (§§ 433ff.) kommt, wie aus den Umständen des Falles zu entnehmen ist (§ 269), der Lagerungsort des Holzes, die Waldparzelle „Außengeräumt", in Betracht. Durch die von Manz gestellte Bedingung der Versendung des Holzes nach Hochkirch hatte der Kaufvertrag die Form eines sog. Versendungskaufes (§ 447) angenommen. Mit der Übergabe des Holzes an den auf Wunsch des Manz von Grün beauftragten Lang am 18. Mai 1927 war — trotz des bestehenden Eigentumsvorbehaltes (Staud. § 455 Anm. II 7) — die Gefahr auf die M.D. übergegangen. Für die während des Abtransportes eingetretenen **Verluste** kann weder die H.V.G. noch Grün verantwortlich gemacht werden; letzterer auch nicht aus irgendwelchen anderen rechtlichen Gesichtspunkten, da er entsprechend dem Wunsche des Manz verfahren war. Die geschädigte M.D. kann sich lediglich an Lang selbst halten.

c) Die am 20. Mai 1927 drahtlich erfolgte Anfechtung des Vertrages vom 17. Mai 1927 wegen Irrtums ist unberechtigt; Manz hatte in Kenntnis der bereits zwischen Hopf und der H.V.G. stattgehabten Verhandlungen mit Grün den Vertrag abgeschlossen. Daß er erst am 20. Mai 1927 zu der überdies rechtsirrigen Auffassung kam, der Vertrag vom 2. Mai bestehe noch zu Recht, ist unbehelflich. Denn auch bei einem an sich zur Anfechtung berechtigenden Rechtsirrtum (Staud. § 119

Anm. V 2 b α) ist immer davon auszugehen, daß die allgemeinen Voraussetzungen des § 119 gegeben sein müssen; dies ist jedoch nicht der Fall.

Grün kann sohin zu Recht namens der H.V.G. von der M.D. die Zahlung des vereinbarten Kaufpreises in Höhe von 10000 RM. verlangen.

3. **Die Forderungsabtretung H.V.G.—E.F.**

Als Teilhaber der offenen Handelsgesellschaft E.F. (§§ 105 ff. HGB.) war Grün zur Geschäftsführung berechtigt: §§ 109, 114 HGB. Da er nicht gleichzeitig als geschäftsführender Gesellschafter der HVG. und als Teilhaber der E.F. tätig werden wollte, bestellte er zulässigerweise den Buchhalter der E.F. als „Unterbevollmächtigten zur Abtretung der Forderung".

Wenn auch im Hinblick auf §§ 713, 664 im Zweifel ein Unterbevollmächtigter nicht bestellt werden darf, so kann doch aus § 665, der ebenfalls für die Rechte und Pflichten des geschäftsführenden Gesellschafters Anwendung findet, die Berechtigung des Grün zur Erteilung der Untervollmacht hergeleitet werden.

Die Forderungsabtretung H.V.G.—E.F., die der M.D. von Grün mitgeteilt wurde, ist rechtswirksam erfolgt. Der von der M.D. später vorgebrachte Einwand, die H.V.G. könne als kaufmännisches Unternehmen vor der Eintragung ins Handelsregister weder Rechte haben noch Rechte abtreten, ist rechtsirrig (siehe oben I 1a Abs. 1). Als neue Gläubigerin kann die E.F. an Stelle der H.V.G. von der Schuldnerin M.D. die Zahlung von 10000 RM. in voller Höhe verlangen (§§ 398 ff.).

II. Die bestehenden Ansprüche nach Abschluß des Vergleichs.

1. Zur **Auslegung des** im **Text der Aufgabe** niedergelegten Tatbestandes sei folgendes bemerkt: Die Vergleichsverhandlungen fanden nach dem 20. Mai 1927 statt; die Übergabe des in Ziff. 2 des fraglichen Vergleiches benannten Bildes „Frühling im Walde" konnte also nicht am 18. Mai 1927 erfolgt sein. Es ist vielmehr anzunehmen, daß dieses Bild

sofort am Tage des Vergleichsabschlusses, der wohl in den letzten Maitagen 1927 erfolgt ist, übergeben wurde. Diese Annahme soll der weiteren Betrachtung des Falles zugrunde gelegt werden.

2. Zur **Unterzeichnung des Vergleichs** waren sämtliche Beteiligte berechtigt,

a) Hopf für sich: ohne weiteres;

b) Grün

aa) für sich: ohne weiteres,

bb) für die H.V.G.: § 710,

cc) für die E.F.: § 114 HGB.;

c) Manz

aa) für sich: ohne weiteres,

bb) für die M.D.: § 35 GmbHGesetz.

3. Durch den Vergleich werden eine Reihe **neuer Regelungen** getroffen.

a) Die unter Ziff. 1 des Vergleichs getroffenen Bestimmungen über die gegenseitigen Gutschriften ändern die bisher bestehende Rechtslage erheblich ab. Während bisher der durch Diebstahl eingetretene Schaden, wie Grün richtig erkannte, in voller Höhe die M.D. traf, teilen sich in die Schadenssumme von 2500 RM. — der vierte Teil des Holzes wurde gestohlen — nun

M.D. mit	1000 RM.,
E.F. mit	500 RM.,
H.V.G. mit	1000 RM.
Summe:	2500 RM.

b) Die Ziff. 2 des Vergleichs behandelt eine mit der unsicheren Rechtslage als solchen in keinem Zusammenhang stehende Privatvereinbarung zwischen Grün und Manz. Daran ändert auch nichts der Umstand, daß Grün die Abnahme des Bildes zur Bedingung für seine Vergleichsbereitwilligkeit machte. Der über das fragliche Ölgemälde abgeschlossene Kaufvertrag (§ 433) war zunächst seitens der Vertragsparteien erfüllt worden.

Daß ein von einem Schüler gemaltes, mit der Zustimmung des Meisters mit dessen Namen signiertes Gemälde unecht ist, bedarf keiner weiteren Begründung. Die Unechtheit eines Bildes ist als wesentlicher Mangel im Sinne des § 459 zu erachten. Der Käufer Manz, der bereits 3 Tage nach der Übergabe des Bildes von diesem Umstand erfuhr, kann die ihm nach § 462 zustehenden Rechte (Wandelung oder Minderung) ausüben.

Die mit Brief vom 1. Juli 1927 unter Benachrichtigung von der Unechtheit des Bildes seitens des Manz verlangte Minderung ist als rechtzeitig erklärt zu erachten. Zu einer sofortigen Untersuchung des gekauften Gemäldes und zur unverzüglichen Mängelanzeige bestand für Manz keine Verpflichtung, da sich der zwischen Grün und Manz abgeschlossene Kaufvertrag nicht als Handelskauf (§§ 377, 343 HGB.) darstellt; es liegt höchstens für Grün, nicht aber für Manz ein Handelsgeschäft im Sinne der eben genannten Bestimmungen vor. Die mit der Begründung verspäteter Mängelanzeige erfolgte Zurückweisung der Minderungserklärung des Manz durch Grün ist unberechtigt.

Welches der beiden in § 462 vorgesehenen Rechte ausgeübt werden soll, steht **im Belieben des Käufers**; wenn sich Manz für Minderung entscheidet, so hat sich sein Vertragsgegner Grün damit abzufinden (Staud. § 462 Anm. III f); der von Grün vorgebrachte Einwand, daß nach Sachlage nur Wandelung in Frage kommen könne, ist nicht stichhaltig.

Die von Manz verlangte Minderung ist der Höhe nach gerechtfertigt: § 472.

Würde nach Vereinbarung der Beteiligten Wandelung des Kaufvertrages eintreten, so könnte Manz die erwachsenen Transportkosten in Höhe von 20 RM. ersetzt verlangen; das folgt aus dem grundlegenden Prinzip der Wandelung, das darin besteht, daß durch die Wandelung in erster Linie der Erwerber in die Lage gebracht werden soll, als hätte er sich auf den Vertrag nicht eingelassen (Staud. § 467 Anm. III B 3 b).

Wird zwischen den Vertragsparteien eine Einigung nicht erzielt (§ 465), so muß die Vollziehung der vom Käufer Manz verlangten Minderung durch rechtskräftigen Richterspruch erfolgen (Staud. § 465 Anm. III).

4. Das **Eingreifen des Hopf** veranlaßt folgende Bemerkungen:

a) Ein Recht, wegen der nachträglich festgestellten Unechtheit des Bildes Wandelung des ganzen Vergleichs zu verlangen, steht dem Hopf nicht zu; bei der Bestimmung unter Ziff. 2 des Vergleichs handelt es sich um eine Privatvereinbarung zwischen Manz und Grün, die lediglich zur Zeit des Vertragsabschlusses für den Abschluß als solchen Bedingung war. Rechte aus der genannten Bestimmung können nur die beiden hier als Beteiligte in Betracht kommenden Manz und Grün herleiten; eine unbetroffene, wenn auch am Vergleich an sich beteiligte Person (Ziff. 3 des Vergleichs) kann nicht die sich bei Abwicklung dieser Vergleichsbestimmung ergebenden Auseinandersetzungen dazu benützen, um eine ihr unangenehme Vertragsbindung zu Fall zu bringen.

b) Auch eine Anfechtung des Vergleichs wegen Irrtums (§ 119) kann Hopf nicht erklären.

aa) Zunächst muß davon ausgegangen werden, daß die Gewährleistungsansprüche (§§ 459, 462) und Anfechtung wegen Irrtums (§ 119) sich gegenseitig ausschließen (Staud. Vorbem. vor § 459 Anm. 5g). Hopf kann also nicht Wandelung verlangen und gleichzeitig Anfechtung wegen Irrtums erklären.

bb) Zu einer Anfechtung wegen Irrtums liegen nach Sachlage für keinen der Beteiligten, am allerwenigsten für Hopf, irgendwelche Gründe vor. Die Voraussetzungen des § 119 sind nicht gegeben: insbesondere kann sich Hopf nicht auf die, im übrigen unrichtige Ansicht berufen, daß Grün die erforderliche Vertretungsmacht gefehlt habe (siehe oben II 2b).

cc) Hopf, dem bereits vor Abschluß des Vergleichs gegen die H.V.G. keinerlei Ansprüche mehr zustanden (siehe oben I 1 b a. E.), kann auch jetzt nach der erklärten Wandelung von der H.V.G. weder Lieferung des Holzes zum Preise von 8000 RM. noch einen Schadenersatz in Höhe von 4000 RM. fordern.

Staatsprüfung November 1927, I. 2.

I. Die rechtlichen Beziehungen im allgemeinen.

1. Der Vertrag Schwarz—Weiß mit Rot.

a) Der von den Fahrgästen Schwarz und Weiß mit Rot abgeschlossene Vertrag über Bereitstellung eines Gespanns mit Kutscher stellt sich dar als Mietvertrag, verbunden mit einem Dienstverschaffungsvertrag (Staud. § 535 Anm. B I 3d vorl. Absatz). Die Verpflichtung des Verpflichteten erschöpft sich darin, daß er den Dritten veranlaßt, den Weisungen des Arbeitgebers Folge zu leisten. Die **Arbeitsdirektive** über den Gehilfen wird dem Arbeitgeber übertragen; der Gehilfe hat an den Arbeitgeber zu leisten, ohne daß allerdings vertragliche Beziehungen zwischen diesem und dem Gehilfen darüber hinaus entstehen.

Tritt der Dienstverschaffungsvertrag in Verbindung mit einem Mietvertrag auf, so besteht im allgemeinen keine Haftung des Verpflichteten (Vermieters) für Verschulden des Gehilfen bei den einzelnen Dienstleistungen nach § 278; die einzelnen Dienstleistungen berühren nur den Arbeitgeber (Mieter), sie „liegen nicht innerhalb des Pflichtenkreises des Dienstverpflichteten (Vermieters)" (Staud. § 613 Anm. II 5 Abs. 3).

In Anwendung dieser allgemeinen Rechtsgrundsätze muß davon ausgegangen werden, daß Rot für Verschulden seines Kutschers Gelb aus § 278 nicht einzutreten hat.

b) Auch aus dem Gesichtspunkt der außerkontraktlichen Haftung (§ 831) kann Rot für Verschulden des Gelb nicht in Anspruch genommen werden: Gelb hatte sich bis jetzt immer nüchtern und fachkundig im Dienste des Rot bewährt; außerdem hatte Rot diesem ihm als zuverlässig erscheinenden Kutscher eigens bei Antritt der Fahrt noch umsichtiges Verhalten eingeschärft.

Im Hinblick auf § 831 I Satz 2 scheidet eine Haftung des Rot sohin aus.

c) Zu prüfen ist ferner die Frage, ob Rot nicht als Tierhalter (§ 833) für die eingetretenen Schädigungen ersatzpflichtig ist.

Nach der Rechtsprechung des Reichsgerichts ist für die Anwendung des § 833 kein Raum, wenn das Tier dem Willen seines Lenkers gehorcht hat, da es solchen Falles lediglich Werkzeug, Urheber des Schadens dagegen der Lenker ist. Unter der Leitung des Kutschers steht das Pferd auch dann, wenn es, entsprechend dem Willen desselben — mag dieser auch die Zügel nicht in der Hand haben — ruhig seines Weges weitergeht, vorausgesetzt, daß die Anwesenheit des Kutschers genügt, um das Pferd in seiner Gangart zu erhalten (Staud. § 833 Anm. 4b β und die dort angeführten Entscheidungen).

Zu beachten ist vorliegenden Falles ferner, daß Gelb nach dem infolge seiner Unachtsamkeit erfolgten Zusammenstoß hastig in die Zügel greift und durch ungeschickte und unsachgemäße Leitung den Unfall der Fahrgäste verursacht.

Ob der Lenker des Tieres vorsätzlich, fahrlässig oder überhaupt nicht schuldhaft gehandelt hat, kommt nur für dessen Haftung, nicht aber für die des Tierhalters in Betracht (Staud. a. a. O.).

Auf § 833 können Schadenersatzansprüche gegen Rot ebenfalls nicht gestützt werden.

d) Ergebnis: Die seitens der Anna Schwarz, des Groß, des Max Grün und des Blau gegen Rot geltend gemachten Ansprüche sind nicht gerechtfertigt. Bezüglich des Anspruchs der Elsa Ott siehe unten I 5 e.

2. **Die Vereinbarungen Schwarz—Weiß mit Grün.**

In der seitens des Schwarz und Weiß an Max Grün und Sohn gerichteten Einladung zur Mitfahrt ist keine rechtlich bedeutsame Verpflichtung zu erblicken; dieses Verhältnis gehört überhaupt nicht dem Gebiete des dem Rechtszwang unterliegenden Schuldrechts an, sondern lediglich dem des **rechtsunverbindlichen gesellschaftlichen Verkehrs** (Staud. Einl. vor § 241 Anm. I 8a; Einl. vor § 433 Anm. 2f, RGZ. Bd. 65 S. 17 ff.).

Schwarz und Weiß haben überdies bei Bestellung des Gespanns alles getan, um den seitens des Gastes Grün auftretenden Befürchtungen gerecht zu werden, sich insbesondere bei den Vereinbarungen mit Rot einen zuverlässigen Kutscher ausbedungen.

Irgendwelche Schadensersatzansprüche können seitens des Gastes Grün gegen Weiß nicht erhoben werden.

3. Die Vereinbarungen Schwarz—Weiß mit Blau.

Die zwischen diesen Beteiligten getroffenen Verabredungen, wonach Blau auf Ansuchen an der Wagenfahrt teilnehmen darf, während er sich seinerseits zur Bearbeitung einiger für Schwarz und Weiß wichtiger Steuerfragen verpflichtet, ist als sog. „**Gefälligkeitsvertrag**" zu erachten: Tätigkeit als Steuerberater ausgetauscht gegen die Zahlung der an sich den Blau treffenden Wagentaxe.

Wenn auch aus Gefälligkeiten regelmäßig Schadensersatzansprüche aus unerlaubter Handlung und zugleich aus Vertrag geltend gemacht werden können (Staud. Einl. vor § 433 Anm. 2f), so kann doch eine Haftung vorliegendenfalls nicht Platz greifen.

In erster Linie ist zu beachten, daß Blau zur Zeit des Unfalles nicht im Wagen saß, also gar nicht an der Fahrt als solcher teilnahm. Eine Haftung aus Vertrag sowohl für eigenes (§ 276) wie für fremdes Verschulden (§ 278) kommt für Schwarz und Weiß nicht in Betracht.

Eine Haftung aus unerlaubter Handlung scheidet schon um deswillen aus, weil Schwarz und Weiß bei Bestellung des Gefährtes alle erdenkliche Sorgfalt angewendet haben.

Blau erhebt sohin zu Unrecht gegen Weiß Schadensersatzansprüche.

4. Das schuldhafte Verhalten des Gelb.

a) Der eingetretene Unglücksfall ist einzig und allein auf die Trunkenheit des Kutschers Gelb zurückzuführen. Obwohl Gelb wußte, daß er nur wenig Alkohol vertragen könne, ergab er sich einem für seine Verhältnisse übermäßigen Alkoholgenuß, so daß er selbst seine Trunkenheit merkte. In diesem Zustand übernahm er die Leitung des Gefährtes. Schon darin ist ein Verschulden des Gelb zu erblicken. Den in § 7 der Straßenverkehrsordnung vom 8. Mai 1926 (GVBl. S. 315) auferlegten Verpflichtungen zur sorgsamen Bedienung des Fuhrwerks und ununterbrochenen Beobachtung der Fahrbahn konnte der von Übelsein befallene Gelb nicht mehr nachkommen. Die sich selbst überlassenen, ihren Weg nur infolge Gewöhnung zunächst fortsetzenden Pferde drängten bei Begegnung mit dem entgegenkommenden Fuhrwerk des Groß plötzlich zu dem anderen Pferd hinüber; dieses, leicht erschreckbar, scheute. Gelb, der in diesem Augenblick nicht mit Überlegung, sondern rein reflexmäßig handelte, brachte durch sein ungeschicktes Verhalten den Wagen zum Umkippen und verursachte dadurch bei ununterbrochenem Kausalzusammenhang die den sämtlichen Beteiligten widerfahrenen Verletzungen.

b) Das eben im allgemeinen geschilderte Verhalten löst Haftung aus unerlaubter Handlung aus.

aa) Sämtliche Ansprüche können zunächst, ohne daß eine nähere Begründung noch erforderlich ist, auf § 823 I gestützt werden.

bb) Gelb hat sich aber auch mehrerer in Tateinheit stehender Vergehen der fahrlässigen Körperverletzung schuldig gemacht, wobei er diejenige Sorgfalt außer acht ließ, zu der er als Kutscher kraft seines Berufes besonders verpflichtet war: §§ 230 I, II, 73 RStGB. Bei dieser Sachlage kann die für Gelb entstehende Schadensersatzverpflichtung auch aus § 823 II (Verletzung eines Schutzgesetzes, hier des § 230 RStGB.) abgeleitet werden.

c) Eine Haftung aus Vertrag liegt, soweit es sich um die an der Fahrt ursprünglich beteiligten Fahrgäste handelt, nicht vor; nähere Begründung siehe oben unter I 1a Abs. 1.

d) Aus § 834 (Haftung als Tierhüter) kann Gelb nicht in Anspruch genommen werden, da der zwischen Rot und Gelb bestehende Dienstvertrag nicht als Vertrag im Sinne der angezogenen Vorschrift zu erachten ist (Staud. § 834 Anm. 2; Enneccerus, Lehrbuch des Bürgerlichen Rechts, 15./17. Auflage, Bd. I, 2 § 467 Anm. 2).

e) Ergebnis: Die seitens der Anna Schwarz, des Groß, des Max Grün und des Blau gegen Gelb geltendgemachten Ansprüche sind gerechtfertigt.

Bezüglich des Anspruchs der Elsa Ott siehe die folgenden Ausführungen.

5. **Die Vereinbarungen Gelb mit Elsa Ott.**

a) Es handelt sich insoweit um einen Werkvertrag nach § 631 (Staud. Vorbem. vor § 631 Anm. III 3a, § 631 Anm. B b), den Gelb auf eigene Rechnung zunächst ohne Erlaubnis seiner Auftraggeber abgeschlossen hat. In irgendwelche vertragliche Beziehungen zu Rot war Elsa Ott nicht getreten; Rot wußte ja von dem zustandegekommenen Vertrage gar nichts.

Grundsätzlich kann Elsa Ott von Gelb Ersatz des in Erfüllung des Schuldverhältnisses verursachten Schadens verlangen: § 276.

b) Aus dem gleichen Grunde, aus welchem Gelb den anderen Fahrgästen gegenüber aus unerlaubter Handlung haftet (§ 823 I und II), hat er auch der Elsa Ott gegenüber für den dieser entstandenen Schaden einzutreten: siehe oben I 4 b.

c) Eine Haftung aus § 834 scheidet ebenfalls aus: siehe oben I 4 d.

d) Zu prüfen ist weiter, ob nicht Elsa Ott, die von der Trunkenheit des Gelb wußte und trotzdem die nach Sachlage gebotenen Schritte nicht unternahm, insbesondere die übrigen Fahrgäste auf Gelb nicht aufmerksam machte, ja vielmehr sogar die gefährliche Fahrt mitmachte, nicht selbst nach § 254 für den ihr zugestoßenen Schaden teilweise einzutreten hat.

Nach der in RGZ. Bd. 100 S. 44 vertretenen Rechtsauffassung ist unter Verschulden im Sinne der angezogenen Bestimmung die Außerachtlassung derjenigen Sorgfalt zu verstehen, die nach der Auffassung des Verkehrs ein ordentlicher und verständiger Mensch anwendet, um sich tunlichst vor Schaden zu bewahren (Staud. § 254 Anm. 2a).

Elsa Ott hätte bei verständiger Würdigung des Falles darauf verzichten müssen, mit einem betrunkenen Kutscher die Heimfahrt nach Felden anzutreten; tat sie das nicht, so hat auch ihr eigenes Verhalten zu dem ihr zugestoßenen Unfall beigetragen, auch sie ist für die erlittene Verletzung mitverantwortlich.

Die Abwägung des beiderseitigen Verschuldens hat im Rahmen des § 254 der Richter zu treffen.

Die Anwendbarkeit des § 254 ist sowohl bezüglich der Haftung des Gelb aus Vertrag (§ 276) als auch bezüglich der Haftung aus unerlaubter Handlung (§ 823 I und II) gegeben.

e) Da Rot zu Elsa Ott in keinerlei vertragliche Beziehungen getreten war, entfällt für ihn eine Haftung aus § 278. Aus den gleichen Gründen wie gegenüber den übrigen Fahrgästen kommt für Rot auch eine Haftung aus unerlaubter Handlung (siehe oben I 1 b) und aus § 833 (siehe oben I 1 c) nicht in Frage.

Die auf fernmündliche, nicht näher begründete Schadenersatzforderung der Elsa Ott seitens des Rot in vollkommener Sachunkenntnis erteilte, von Elsa Ott sofort schriftlich niedergelegte Antwort, er komme stets seinen Verpflichtungen nach, ist nicht als Schuldanerkenntnis im Sinne des § 781 zu erachten. Zur Gültigkeit eines solchen Vertrages ist schriftliche Erteilung der Anerkenntniserklärung erforderlich. Eine solche liegt jedoch nicht vor.

6. **Die Tätigkeit des Braun.**

Darin, daß Braun den Gelb zum Mittrinken bei dem von ihm gestifteten Freibier auffordert, ist kein zum Schadensersatz verpflichtender Umstand zu erblicken; auch nicht darin, daß er im weiteren Verlauf der Zecherei den Gelb nicht abhielt, sich zu betrinken. Daß Braun den Gelb unter Anwendung hinterlistiger Mittel betrunken gemacht hätte, ist nicht anzunehmen.

Die seitens der Anna Schwarz, der Elsa Ott, des Groß, des Max Grün und des Blau gegen Braun geltend gemachten Ansprüche entbehren jeglicher Grundlage.

7. **Die Haftung des Klein.**

a) Eine Haftung des Klein aus § 833 scheidet aus. Klein ist zwar Eigentümer des dem Gelbschen Fuhrwerk entgegenkommenden Einspännerwagens samt Bespannung. Als Tierhalter ist bei Vorliegen eines Besitzmittlungsverhältnisses (§ 868) regelmäßig der unmittelbare, nicht der mittelbare Besitzer zu erachten. Es handelt sich um ein rein tatsächliches Verhältnis; der Halter des Tieres braucht nicht dessen Eigentümer zu sein (Staud. § 833 Anm. 5 b).

b) Haftung aus eigener unerlaubter Handlung nach § 823 I und II scheidet für Klein aus, da er bei Übergabe des Pferdes den Lang ausdrücklich darauf aufmerksam gemacht hatte, daß das Pferd leicht scheue.

c) Auch anderweitige Haftungsgründe liegen für Klein nicht vor.

d) Ergebnis: Die seitens der Anna Schwarz, der Elsa Ott, des Groß, des Max Grün und des Blau gegen Klein geltend gemachten Ansprüche sind nicht gerechtfertigt.

8. **Die Haftung des Lang.**

a) Wie bereits unter I 7a ausgeführt, ist Lang als unmittelbarer Besitzer des Pferdes Tierhalter im Sinne des § 833; da die Entleihung des Tieres auf die Dauer von drei Wochen erfolgt war, ist die von der Rechtsprechung insoweit geforderte Voraussetzung (Staud. § 833 Anm. 5d Abs. 1 und 4) erfüllt.

Wenn auch grundsätzlich bei einem unter der Herrschaft seines Lenkers befindlichen Pferde die Anwendbarkeit des § 833 entfällt (Staud. § 833 Anm. 4 b β), so ist doch nicht schlechthin die Entfaltung eines willkürlichen, der tierischen Natur entspringenden Tuns, z. B. Hochsteigen usw., ausgeschlossen.

Nach Sachlage sind jedoch die Voraussetzungen der Haftungsbefreiung nach § 833 Satz 2 als gegeben zu erachten: es handelt sich um ein Haustier, das im Zeitpunkt des Unfalles der Erwerbstätigkeit des Tierhalters Lang (landwirtschaftliche Arbeiten) zu dienen bestimmt war. Wenn auch Lang vergessen hatte, den Groß auf diesen Zustand des Pferdes aufmerksam zu machen, er also die im Verkehr erforderliche Sorgfalt nicht beobachtet hatte, ist doch anzunehmen, daß das Tier selbst bei Verständigung des Groß infolge des nachlässigen Verhaltens des Gelb geschreckt und der Schaden sohin auch bei Anwendung dieser Sorgfalt entstanden wäre.

Damit entfällt eine Haftung des Lang aus § 833 und zwar sowohl den Insassen des Gelbschen Wagens und Blau als auch seinem eigenen Knecht Groß gegenüber (Staud. § 833 Anm. 10: das Vertragsverhältnis zwischen Tierhalter und Verletzten).

b) Eine kontraktliche Haftung des Lang aus § 278 scheidet nach Sachlage aus.

c) Aber auch aus § 831 kann Lang nicht in Anspruch genommen werden, da seinen Knecht Groß ein Verschulden nicht trifft.

d) Ergebnis: Seitens der Anna Schwarz, der Elsa Ott, des Groß, des Max Grün und des Blau können Ansprüche an Lang nicht erhoben werden.

9. **Zusammenfassung.**

Nur in Richtung gegen Gelb sind Schadenersatzansprüche für Anna Schwarz, Elsa Ott, Groß, Max Grün, Fritz Grün und Blau gegeben. Die seitens der genannten Beteiligten gegen Braun, Rot, Lang, Klein und teilweise auch gegen Weiß erhobenen Ansprüche sind abzuweisen.

II. Die einzelnen Schadenersatzansprüche.

1. Die Ansprüche der Anna Schwarz.

a) Der seitens des Verpflichteten zu leistende Schadensersatz umfaßt zunächst die bei Behandlung des Schwarz entstandenen Arztkosten: § 249 Satz 2. Dieser Anspruch des Schwarz ist gem. §§ 1922, 1931 II auf seine Ehefrau als Alleinerbin übergegangen.

b) Die seitens der Witwe Schwarz weiter erhobenen Schadensersatzforderungen sind selbständige, in ihrer Person begründete Ansprüche, für welche der Schadensstifter, nachdem der Tod des Schwarz auf den fraglichen Unfall ohne Unterbrechung des Kausalzusammenhanges zurückzuführen ist (Unfall — schwere Kopfverletzung — Gehirnhautentzündung — Tod), aufzukommen hat.

aa) Die Forderung des Ersatzes der Beerdigungskosten stützt sich auf §§ 844 I, 1968.

bb) Schwarz war seiner Ehefrau kraft Gesetzes zur Leistung des Unterhalts verpflichtet (§ 1360); gem. § 844 II Satz 1 kann die Witwe wegen Wegfalls dieses Unterhaltes eine jährliche Geldrente verlangen; daß sie ohne nähere, ihr zum Unterhalt verpflichtete Verwandte ist, ist belanglos: §§ 844 II, 843 IV.

2. **Die Ansprüche der Elsa Ott.**

a) Die für den dreimaligen, höchstens viermaligen Besuch beim Arzt (Behandlung der Schürfungen am rechten Unterarm) entstandenen Kosten sind zu ersetzen (§ 249 Satz 2), wobei jedoch in Betracht zu ziehen ist, daß gem. § 254 infolge Vorliegens eines Mitverschuldens der Verletzten entsprechende Ermäßigung einzutreten hat.

b) Für die infolge des leichtsinnigen Verhaltens der Elsa Ott nachträglich eingetretene ernstere Erkrankung kann der Schadensstifter nicht in Anspruch genommen werden. Der Kausalzusammenhang ist durch das eigenmächtige schuldhafte Verhalten der Elsa Ott unterbrochen.

c) Der Anspruch auf ein angemessenes Schmerzensgeld, wobei die von der Verletzten selbst verursachte Komplikation zu berücksichtigen ist, stützt sich auf § 847 I. Auch in diesem Falle greift § 254 Platz (Staud. § 847 Anm. 4).

3. **Die Ansprüche des Blau.**

Blau, der sich ordnungsgemäß behandeln ließ, kann für die ihm entstandenen Arztkosten Ersatz nach § 249 Satz 2 verlangen.

4. **Die Ansprüche des Max Grün.**

a) Für sich selbst.

Für die Heilung der erlittenen Handverletzung, die fast die gleiche ist wie bei Blau, darf als erforderliche Heilungszeit bei ordnungsgemäßer Behandlung und normalen gesundheitlichen Verhältnissen ein Zeitraum von zwei Wochen angenommen werden. Wenn sich der Heilungsvorgang bei Max Grün infolge der vorhandenen Zuckerkrankheit auf einen Zeitraum von zwei Monaten erstreckt, so muß Gelb für diese erhöhten Arztkosten aufkommen.

Eine Unterbrechung des Kausalzusammenhanges scheidet

aus. In dem Gesundheitszustand des Max Grün kann auch nicht ein Mitverschulden im Sinne des § 254 erblickt werden, da das Verschulden im Sinne der angezogenen Bestimmung ein echtes Verschulden im Rechtssinne ist (Staud. § 254 Anmerk. 2a). Die hier vertretene Rechtsauffassung wird bestätigt durch die Rechtsprechung der obersten Gerichte, nach der sogar besondere Erkrankungsanlagen des Verletzten keine Berücksichtigung zu finden haben (Achilles-Gr. § 823 Anm. 6).

Der von Max Grün für sich gestellte Schadenersatzanspruch ist begründet.

b) Für seinen Sohn Fritz.

Mitverschulden des Verletzten scheidet aus. Gelb hat für die ganzen Heilungskosten aufzukommen: § 249 Satz 2. Als gesetzlicher Vertreter seines minderjährigen Kindes (§§ 1627, 1630) kann Max Grün diesen Anspruch geltend machen.

5. **Die Ansprüche des Groß.**

Ersatz der Heilungskosten ist gem. § 249 Satz 2 zu leisten. Daß sich Groß von einem wegen Kurpfuscherei wiederholt vorbestraften Naturheilkundigen behandeln ließ, ist belanglos im Hinblick auf die Tatsache, daß die Wunde innerhalb der zur Heilung erforderlichen Zeit heilte.

Staatsprüfung Frühjahr 1928, I. 1.

I. Die Erstattungsansprüche.

1. Der Geselle Carl, der mit Dachs bezüglich des Kraftfahrrades samt Gepäcktasche und Laterne einen Kaufvertrag (§ 433) abschloß, erzeugte aus diesem Vertrag Rechtswirkungen **unmittelbar für und gegen seinen Meister** Alt, wobei es rechtlich belanglos bleibt, ob Carl zum Vertragsabschluß bevollmächtigt (§ 166 II) war oder nicht; jedenfalls hat Alt den Vertrag nachträglich genehmigt, so daß er als von Anfang an wirksam anzusehen ist: § 184 I.

Das von Oesch dem Birk gestohlene Kraftrad samt Zubehör konnte, trotz vorhandenen guten Glaubens bei Übergabe, weder Eigentum des Alt noch Eigentum des weiteren Käufers Dachs werden: §§ 935, 932, 929.

Birk kann seine Ansprüche gegen Dachs auf Ersatz des Wertes des durch Verschulden des Dachs zu Verlust gegangenen Kraftrades auf §§ 990 I, 989 stützen; der als Schadensersatz zu leistende Werterersatz, für den Dachs nach Kenntnis des wahren Sachverhaltes einzutreten hat, ist zulässigerweise auf einen Betrag von 700 RM. beziffert.

Der Anspruch auf Herausgabe der noch vorhandenen Gepäcktasche und Laterne ist in § 985 begründet.

Der vom Eigentümer Birk in Anspruch genommene Dachs kann sich seinerseits im Wege des Rückgriffes an den Verkäufer Alt halten (§ 440), wobei es nicht darauf anzukommen hat, ob Alt bei Erwerb und Veräußerung des Rades gutgläubig war.

2. Bezüglich der **Zahlung von 700 RM.**, welche Dachs an Birk geleistet hatte, ist ein Erstattungsanspruch des Dachs gegenüber Alt begründet.

Der Verkäufer ist nach § 433 I Satz 1 verpflichtet, dem Käufer das Eigentum an der verkauften Sache zu verschaffen. Dieser Verpflichtung ist Alt, der selbst nicht Eigentümer war, nicht nachgekommen; in diesem Falle bestimmen sich die Rechte des Käufers nach §§ 440 I mit §§ 320—327. Dachs macht jedoch zulässigerweise seinen Anspruch gegen Alt als Schadensersatz geltend, wozu er nach § 440 II — dessen Voraussetzungen sind gegeben — befugt ist.

Die Schadensersatzforderung wird in der letztgenannten Bestimmung davon abhängig gemacht, daß der Käufer sich nicht mehr im Genusse der Sache befindet.

Auszuscheiden hat der in § 440 II aufgezählte Fall des Unterganges. Bei Untergang der Sache ist vorauszusetzen, daß dieser nicht vom Käufer selbst verschuldet ist und letzterer dadurch sich nicht selbst in die Lage versetzt hat, die Sache dem Verkäufer nicht mehr zurückgewähren bzw. dem Dritten nicht mehr herausgeben zu können (Staud. § 440 Anm. II 1c).

Wohl aber ist der Anspruch des Dachs gegen Alt begründet, weil er die Sache dem Dritten mit Rücksicht auf dessen Eigentum „herausgegeben" hat. Wenn nun zwar eine Herausgabe des **Kraftrades selbst** nach Sachlage nicht möglich war, so hat doch der an die Stelle der Herausgabe tretende, nach §§ 990 I, 989 als Wertersatz zu leistende Schadensersatz als „Herausgabe" im Sinne des § 440 II zu gelten.

Wesentlich für die unter § 440 II und III aufgeführten Fälle ist, daß der Käufer nicht gleichzeitig im Genuß der Kaufsache bleiben und eine Entschädigung wegen des Rechtsmangels erhalten darf. Für die Weglassung des Falles in der unter §§ 440 II und III getroffenen Aufzählung, daß der Käufer wegen schuldhafter Unmöglichkeit der Herausgabe der Kaufsache dem Eigentümer Schadenersatz leisten muß, fehlt es an einem inneren Grunde. Dieser Fall ist bei der Aufzählung offenbar übersehen worden. Es handelt sich daher nicht um eine „entsprechende" Anwendung der Gesetzesvorschrift auf einen rechtsähnlichen Fall, vielmehr liegt hier der Fall der Entwehrung vor und das Gesetz findet daher unmittelbar Anwendung (RGZ. Bd. 117 S. 335 ff.).

Der Einwand des Alt, Dachs habe die Entwendung des Kraftrades durch eigene Fahrlässigkeit verschuldet und habe den ihm entstandenen Schaden selbst verursacht, ist bezüglich Erstattung der an Birk geleisteten Zahlung nicht stichhaltig.

Für die Entwendung des Kraftrades hat Dachs sowieso den Schaden selbst zu tragen, da er ja den an Alt bereits bei Kaufabschluß für das Kraftrad gezahlten Kaufpreis in Höhe von 700 RM. einbüßt; er verlangt von Alt lediglich für die weiteren, an Birk geleisteten 700 RM. Ersatz.

3. Nachdem Birk die ihm ebenfalls gehörige **Gepäcktasche** dem Dachs leihweise für einige Wochen überlassen hatte, entfällt die Anwendbarkeit der Bestimmungen in § 440 II und III. Durch die Vorschrift des § 440 II soll, wie bereits ausgeführt, vermieden werden, daß der Käufer in doppelter Hinsicht Vorteile erzielt, einerseits durch die gewährte Entschädigung und andererseits durch den weiterdauernden Genuß der Sache. Diese Billigkeitserwägung muß versagen, wenn der Käufer das Recht des Dritten erwirbt oder den Dritten abfindet. Daher die Vorschrift des § 440 III, die aber, wie sich aus dem Gesagten ergibt, weder nach ihrem Sinn noch nach ihrem Wortlaut zutrifft, wenn das Eigentumsrecht des Dritten vom Käufer nicht erworben wird, sondern bestehen bleibt, der Käufer den Dritten auch nicht abfindet, sondern mit ihm nur einen ihn zeitweilig zum Besitz der Sache berechtigenden Leihvertrag (§§ 598 ff.) geschlossen hat (RGZ. Bd. 105 S. 349 ff.). Der Anspruch des Dachs auf Ersatz der für die Gepäcktasche geleisteten Zahlung in Höhe von 30 RM. ist nicht begründet.

4. Dachs hat die **Laterne** vom Eigentümer Birk schenkungsweise (§§ 516 ff.) zu Eigentum übertragen erhalten. In diesem Falle greift die in §§ 440 II und III getroffene Regelung Platz: Dachs hat das Recht des Dritten anderweitig erworben, kann infolgedessen auch bezüglich der Laterne einen Schadenersatz in Höhe von 10 RM. gegen Alt geltend machen (Staud. § 440 Anm. II 1 a β).

II. Die Ansprüche aus dem Kaufvertrag.

1. Läßt man die vorliegenden Falles bestehende Besonderheit außer Betracht, so könnte der Käufer Dachs grundsätzlich dem Verkäufer Alt gegenüber seine Gewährleistungsansprüche nach §§ 462, 459 geltend machen, wobei die Haftung des Verkäufers trotz grober Fahrlässigkeit des Käufers bestehen bleibt,

wenn ein Fehler arglistig verschwiegen wird; gleichgültig ist, ob das Verschweigen des vorhandenen Fehlers durch den Verkäufer selbst oder durch seinen Stellvertreter erfolgt.

Der Rahmenbruch, der bei Kaufabschluß und Übergabe vorhanden war und der als wesentlicher Mangel und Fehler ohne weiteres zu gelten hat, würde im Normalfalle den Käufer Dachs gem. §§ 462, 472 in Höhe von 100 RM. zur Minderung berechtigen.

Hinsichtlich des Schenkelbolzenbruches entfällt ein Minderungsanspruch ohne weiteres, da im Falle ordnungsgemäßen Vollzugs des Kaufvertrages durch Übergabe des Kraftrades die Gefahr (§ 446) bereits auf den Käufer übergegangen gewesen wäre und um diese Zeit der fragliche Fehler noch gar nicht vorhanden war.

2. Nach Sachlage kann jedoch Alt die von Dachs neben dem Anspruch auf Schadenersatz wegen Nichterfüllung noch geltend gemachten Ansprüche auf Kaufpreisminderung mit Recht zurückweisen.

Handelt es sich um Mängel im Recht, so sind die Ansprüche des Käufers in § 440 niedergelegt. Ein Anspruch auf Wandelung oder Minderung ist dann jedoch ausgeschlossen (Achilles-Gr. § 440 Anm. 1), denn die Sachgewährung bezieht sich nur auf die Mängel der verkauften Sache als solcher. Der Kaufvertrag muß hier insoweit vollzogen sein, daß die Gefahr auf den Käufer übergegangen ist (Staud. Vorbem. vor § 459 Anm. 1b). Dies war jedoch, da es sich um Eigentum des Birk handelt, niemals möglich.

III. Die Ansprüche aus dem Unfall.

1. Der Unfall des Dachs ist zurückzuführen auf den Umstand, daß Carl den von ihm schuldhafterweise herbeigeführten und nur notdürftig geschweißten Rahmenbruch dem Kaufinteressenten verschwiegen hatte. Carl mußte sich sagen, daß gelegentlich der von Dachs geplanten längeren Überlandfahrten einmal ein neuerlicher, mit schweren Folgen verbundener Bruch des Rades eintreten werde; damit hat er auch von Anfang an gerechnet.

Bei schuldhafter mangelhafter Lieferung muß der Verkäufer dem Käufer Schadenersatz leisten, soweit hierin eine sog. positive Vertragsverletzung liegt. Dieser Schadenersatzanspruch besteht neben allen sonstigen dem Käufer zustehenden Rechten (Staud. Vorbem. vor § 459 Anm. 5e).

Alt, der Verschulden seines Gehilfen ebenso zu vertreten hat wie eigenes Verschulden (§ 278), muß gem. § 249 Satz 2 die dem Dachs entstandenen **Baderkosten** ersetzen.

2. Anderweitige Haftungsgründe scheiden aus. Es mag dahingestellt bleiben, ob sich Carl aus unerlaubter Handlung (§ 823) haftbar gemacht hat. Jedenfalls kann Alt insoweit mit Recht einwenden, daß er sich auf den ihm seit vielen Jahren als zuverlässig und ehrlich bekannten Gesellen verlassen durfte; damit entfällt für Alt gem. § 831 I Satz 2 die Haftung.

Für eigene, auf unerlaubter Handlung beruhende Fahrlässigkeit muß Alt nach Sachlage nicht eintreten. Bei seiner Rückkehr war das Kraftrad bereits an Dachs ausgehändigt; wenn es Dachs noch einige Zeit in der Werkstätte stehen ließ, so ist dieser Umstand für die Frage einer Haftung aus unerlaubter Handlung belanglos. Zugunsten des Alt muß ferner berücksichtigt werden, daß er infolge der von Carl vorgenommenen Lackierarbeiten das Vorhandensein eines Rahmenbruches gar nicht mehr entdecken konnte.

Da der Anspruch auf **Schmerzensgeld** (§ 847) nur auf Haftung aus unerlaubter Handlung gestützt werden kann (§ 253), ist die von Dachs insoweit erhobene Forderung in Höhe von 30 RM. unberechtigt.

3. Zu prüfen ist endlich noch bezüglich des Anspruchs auf Erstattung der Baderkosten die Frage des **Mitverschuldens** (§ 254). Wenn auch Dachs bei Abschluß des Kaufvertrages und Übernahme des Rades der vorhandene Rahmenbruch nicht hätte verborgen bleiben können, so kann in diesem Übersehen eines wesentlichen Mangels der Kaufsache doch nicht ein Verschulden im Sinne des § 254 erblickt werden. Verschulden im Sinne der letztgenannten Bestimmung ist ein echtes Verschulden im Rechtssinne, d. h. Außerachtlassung der Sorgfalt und Vorsicht gegen sich selbst (Staud. § 254 Anm. 2a). Es

ginge zu weit, wollte man diesen Begriff auch auf derartige Oberflächlichkeiten ausdehnen.

Bei Antritt der fraglichen Unglücksfahrt war es dem Dachs überdies selbst bei genauester Sorgfalt gar nicht mehr möglich, den Rahmenbruch zu entdecken, da Carl inzwischen ja den Fehler durch geschicktes Lackieren zu verdecken verstanden hatte.

Rechtlich ohne Bedeutung ist schließlich, daß Dachs die fragliche Fahrt unternahm, um nach Kenntnis des Diebstahls das Rad dem Zugriff des Eigentümers Birk zu entziehen.

Staatsprüfung Herbst 1928, I. 9.

Proz. Reg. Nr. A . . /1928.

Gegenwärtig:
Landgerichtsdirektor Streng als Vorsitzender,
Landgerichtsrat Klug und Landgerichtsrat Scharf als beisitzende Richter,
Justizobersekretär Schnell als Urkundsbeamter der Geschäftsstelle.

Protokoll

aufgenommen in öffentlicher Sitzung des Landgerichts[1]) Marbach — Zivilkammer — am 30. November 1928[2]).

In Sachen

Aust Fritz, Gutsbesitzer in Felden, Kläger und Widerbeklagter, vertreten durch Rechtsanwalt Dr. Wolf in Marbach

gegen

1. Balz Josef, Landwirt in Hochkirch, Beklagter und Widerkläger, vertreten durch Rechtsanwalt Dr. Fuchs in Marbach,
2. Claus Jakob, Schreinermeister in Hochkirch, Beklagter und Widerkläger, vertreten durch Rechtsanwalt Dr. Hahn in Marbach

wegen Forderung u. a. erschien bei Aufruf der Sache niemand.

Es wurde das diesem Protokoll beigefügte Urteil durch Verlesung der Urteilsformel verkündet.

L. S. gez. Streng.
gez. Schnell.

---

[1]) Trotz der in der III. Notverordnung des Reichspräsidenten zur Sicherung von Wirtschaft und Finanzen und zur Bekämpfung politischer Ausschreitungen vom 6. Oktober 1931 (RGBl. 1931 I S. 537ff.) getroffenen Erhöhung der amtsgerichtlichen Zuständigkeitsgrenze auf den Betrag von 1000 RM. bleibt vorliegendenfalls das Landgericht zuständig, da bei der gem. § 5 ZPO. vorzunehmenden Zusammenrechnung der geltend gemachten Klagsansprüche ein die Summe von 1000 RM. übersteigender Streitwert vorliegt.

[2]) Das im Text der Aufgabe angegebene Datum „26. November 1928" bedeutet einen Druckfehler. Das zu fertigende Urteil war am 5. Tage der I. Abteilung des Staatsexamens, d. i. am Freitag, den 30. November 1928 nachmittags 5 Uhr, zu verkünden.

Die Zivilkammer des Landgerichts Marbach, gebildet aus dem Landgerichtsdirektor Streng als Vorsitzenden sowie den Landgerichtsräten Klug und Scharf als beisitzenden Richtern erläßt auf Grund der mündlichen Verhandlung vom 19. November 1928

in Sachen

Aust Fritz, Gutsbesitzer in Felden, Kläger und Widerbeklagter, vertreten durch Rechtsanwalt Dr. Wolf in Marbach

gegen

1. Balz Josef, Landwirt in Hochkirch, Beklagter und Widerkläger, vertreten durch Rechtsanwalt Dr. Fuchs in Marbach,

2. Claus Jakob, Schreinermeister in Hochkirch, Beklagter und Widerkläger, vertreten durch Rechtsanwalt Dr. Hahn in Marbach

wegen Forderung u. a.

folgendes

Endurteil.

I. Der Beklagte Balz ist schuldig, an den Kläger einen Betrag von 410 — vierhundertundzehn — Reichsmark zu zahlen.

II. Der Beklagte Balz ist gegen Zahlung des Klägers in Höhe von 720 — siebenhundertundzwanzig — Reichsmark verpflichtet, für die bei dem Kläger befindliche Holztruhe eine dazu passende Rückenlehne mit Armstützen zu schnitzen, in die Truhe einzufügen und die ganze Truhe frisch zu lackieren.

III. Der Beklagte Balz hat dem Kläger das von dem Kaufmann Max Eckel in Marbach eingetauschte Jagdgewehr (Drilling) herauszugeben.

IV. Im übrigen wird die Klage abgewiesen.

V. Die Widerklagen des Beklagten Balz und die Widerklage des Beklagten Claus werden abgewiesen.

VI. Kosten.

Tatbestand

ist erlassen. Als solcher gilt die Aufgabe.

Im übrigen wird auf den Akteninhalt und die gewechselten Schriftsätze Bezug genommen.

Gründe.

I.

1. **Der Anspruch auf Nachlieferung.**

a) Der Vertreter des Beklagten Balz bestreitet die Zuständigkeit des Landgerichts Marbach zu Unrecht. Nach übereinstimmendem Parteiwillen sollte die Holztruhe samt Rückenlehne und Armstützen in Hochkirch gefertigt und lackiert und lediglich nach Fertigstellung nach Felden verbracht werden. Erfüllungsort ist nach dem Willen der Parteien, zum mindesten nach der Natur des Schuldverhältnisses (§ 269), der Wohnsitz des Beklagten Balz, nämlich Hochkirch. Eine Zuständigkeit des Landgerichts Felden läßt sich nicht begründen; zur Entscheidung des Rechtsstreits ist vielmehr das Landgericht Marbach berufen.

b) Der am 25. September 1928 zwischen dem Kläger und dem Beklagten Balz abgeschlossene Vertrag ist ein Werklieferungsvertrag über eine nichtvertretbare Sache (§651 I); es liegt ein einheitlicher Vertrag über Anfertigung einer den Wünschen des Klägers entsprechenden Truhe vor, wobei allerdings die als solche bereits vorhandene Holztruhe Vertragsobjekt werden soll. Die seitens des Vertreters des Beklagten Balz vertretene Ansicht, Rückenlehne samt Armstützen seien nicht wesentlicher Bestandteil, sondern Zubehör der Truhe (§ 97), ist rechtsirrig. Es hat nicht darauf anzukommen, daß an der Truhe ursprünglich Lehne und Armschwingen nicht angebracht waren: Truhe samt Lehne und Armstützen sind als einheitliches Ganze zu betrachten; die nachträglich eingefügten Schnitzwerke können von der Truhe nicht mehr getrennt werden, ohne daß die Truhe in ihrem nunmehrigen Wesen verändert oder gar teilweise zerstört wird; sie sind sohin wesentliche Bestandteile im Sinne des § 93.

Da die vom Unternehmer Balz zu liefernden Materialien

nicht nur als Zutaten und reine Nebensachen zu erachten sind, es sich vielmehr um eine kunst- und stilgerechte Ergänzung des bereits vorhandenen Arbeitssubstrates handelt (Staud. § 651 Anm. III a), entfällt die Anwendbarkeit der Vorschriften des reinen Werkvertrags.

c) Nach der Natur der Sache und dem Inhalt des Vertrages hat es als ausgeschlossen zu gelten, daß der Unternehmer, der Beklagte Balz, sich zur Erfüllung seiner Herstellungspflicht der Hilfe eines Dritten bedienen darf (Staud. § 631 Anm. D I 4a); der Vertrag wurde eigens mit Rücksicht auf die reinpersönliche Leistungsbefähigung des Unternehmers abgeschlossen. Dem Beklagten Balz war auch aus den Wünschen des Klägers ohne weiteres bekannt, daß es diesem auf persönliche Tätigkeit des „Schnitzersepp" ankam.

Die Einfügung der vom Beklagten Claus hergestellten Rückenlehne und Armstützen in die Truhe ist nicht Erfüllung der vom Beklagten Balz eingegangenen Verpflichtung. Ohne daß es der Setzung einer Frist (§ 634) bedarf, ist der Beklagte Balz zur persönlichen Herstellung der Rückenlehne samt Armstützen verpflichtet (§§ 651, 633). Eine Verpflichtung des Beklagten Claus zur Neuherstellung der nachträglich eingefügten Schnitzwerke ist nicht gegeben; die diesbezüglichen Ausführungen des Vertreters des Beklagten Balz sind abwegig.

Unberechtigt ist das Klagebegehren, soweit es auf Lieferung einer neuen gleichen Truhe gerichtet ist. Wenn auch Lehne und Armstützen wesentliche Bestandteile der Truhe sind, so ist mit ihrer Beschädigung nicht die ganze Truhe wertlos geworden. Nach Beseitigung der Reste der beschädigten Rückenlehne und der Armstützen kann, ohne daß dadurch irgendeine weitere Schädigung auftritt, durch Einfügen der vom Beklagten Balz selbst zu fertigenden Stücke der **vertragsentsprechende Zustand** des bestellten Möbels hergestellt werden. Es widerspricht den Grundsätzen von Treu und Glauben, wollte man vom Beklagten Balz ohne irgendeinen weiteren Anlaß auch die nochmalige Neuanfertigung einer Truhe verlangen: §§ 242, 157. Damit entfällt auch die Stellungnahme zu den Ausführungen des Klägers, er brauche sich eine nur ausgebesserte Truhe in seinem schönen Wohnzimmer nicht gefallen zu lassen; es handelt sich nicht um eine Ausbesserung bzw. um eine Nachbesserung, sondern um eine vollständige Beseitigung und Neuherstellung der beanstandeten Teile.

Die Fassung des Schuldscheines „Gegenwert für eine zu liefernde Truhe" ist für die Frage der Verpflichtung zur Herstellung einer vollständig neuen Truhe belanglos; jedenfalls sollten nach dem Willen der Parteien nicht weitergehende, über das Gesetz hinausgreifende Verpflichtungen geschaffen werden.

Gegen das Lackieren der Truhe in der Wohnung des Klägers zwecks Vermeidung unnötiger Transportkosten kann nichts eingewendet werden; ein besonderer Schmutz wird dadurch bei entsprechender Rücksichtnahme in den Wohnräumen des Klägers nicht erzeugt.

Eine Verjährung des klägerischen Anspruchs auf Beseitigung des Mangels ist noch nicht eingetreten (§ 638); ein Ausschluß der Ansprüche gem. § 640 II scheidet aus, da der Kläger bei der am 2. Oktober 1928 erfolgten Abnahme als Laie weder die Verwendung spröden Lackes noch die Mangelhaftigkeit des Holzes hätte erkennen können.

Der Vertreter des Beklagten Balz stellt zu Unrecht das Rügerecht des Klägers in Abrede. Die Pflicht sofortiger Prüfung der Ware nach § 377 HGB. greift nur Platz, wenn der Kauf **für beide Teile** ein Handelsgeschäft (§ 343 HGB.) ist; der fragliche Vertrag bedeutete jedoch mindestens für den Kläger nicht ein „Geschäft eines Kaufmanns, das zum Betriebe seines Handelsgewerbes gehörte"; es handelte sich vielmehr um einen der Liebhaberei entsprungenen Vertrag, der keinerlei Beziehungen zu irgendeinem Handelsgewerbe hat. Aus diesem Grunde erübrigt sich ein näheres Eingehen auf die diesbezüglichen, auch nicht einmal ganz überzeugenden Darlegungen des Vertreters des Beklagten Balz.

Aus all diesen Erwägungen rechtfertigt sich die unter Ziff. II des Urteilstenors ausgesprochene Verpflichtung des Beklagten Balz, für die bereits bei dem Kläger befindliche Holztruhe eine dazu passende kräftige Rückenlehne mit Armstützen selbst zu schnitzen, in die Truhe einzufügen und die ganze Truhe frisch zu lackieren.

2. **Der** vorsorglich erhobene **Anspruch** des Klägers **auf Minderung des** vereinbarten **Preises** von 720 RM. auf 520 RM. ist nicht berechtigt. Es geht nicht an, Erfüllung des Vertrages und gleichzeitig Minderung zu verlangen; mit der vollständigen Vertragserfüllung ist das Interesse des Bestellers erfüllt, darüber hinausgehende Leistungen in Form der Herabsetzung des Preises können billigerweise (§ 242) nicht gefordert werden. Darauf, daß der Kläger nunmehr auf die Lehne und Armstützen überhaupt verzichten und die Truhe durch einen Schreiner in Felden lackieren lassen will, hat es nicht anzukommen. Die Klage ist in erster Linie auf Erfüllung des Vertrages gestützt und insoweit als berechtigt erachtet worden. Minderungsansprüche scheiden demnach aus, so daß die Klage insoweit abzuweisen war.

Ohne daß es für die Entscheidung noch darauf anzukommen hat, mag angefügt werden, daß die Minderung im Falle ihrer Statthaftigkeit gem. § 472 zu berechnen wäre. Maßgebend für die Berechnung des Wertes in mangelfreiem und in mangelhaftem Zustand ist der Zeitpunkt des Verkaufes, wobei entgegen der vom Kläger vertretenen Ansicht nicht der Liebhaberwert, sondern der allgemeine Verkaufswert in Betracht zu kommen hat (Staud. § 472 Anm. 2). Zu zahlen wäre unter Verwendung der allgemein für die Minderung bekannten Formel (siehe Staud. a. a. O.) ein Preis von 540 RM.[3]).

3. **Der** vom Kläger gegen die Beklagten Balz und Claus in gesamtverbindlicher Haftung erhobene **Schadenersatzanspruch** in Höhe von 910 RM. ist nur teilweise, nämlich in der Höhe von 410 RM. und nur gegen Balz begründet. Insoweit war unter Ziff. I des Urteilstenors zu erkennen, während im übrigen die Klage abgewiesen werden mußte.

Die Ablehnung jeglicher Haftung aus mangelhafter Er-

---

[3]) Formel: $x = \frac{w \cdot p}{W}$, wobei bedeutet: x = zu zahlender Kaufpreis, W = Wert in mangelfreiem Zustand, w = Wert in mangelhaftem Zustand, p = gezahlter Kaufpreis. Unter Einsetzung der Zahlen ergibt sich $x = \frac{600 . 720}{800}$ RM. = $\frac{6 . 720}{8}$ RM. = 6.90 RM. = 540 RM.

füllung durch den Vertreter des Beklagten Balz unter Bezugnahme auf verspätete Mängelrüge ist unbegründet; wie bereits dargelegt, findet § 377 HGB. auf das vorliegende Geschäft nicht Anwendung.

a) Der Unfall des Kindes des Klägers vom 7. Oktober 1928 ist nach Sachverständigengutachten einzig und allein auf die Verwendung minderwertigen Materials durch Claus zurückzuführen. Daß das Einreißen des Holzes erst nach Ablieferung (2. Oktober 1928) der Truhe, nämlich gelegentlich des Witterungsumschlages vom 5. Oktober 1928, eintrat, ist belanglos.

Der durch den Unfall eingetretene Schaden ist auf sog. **„positive Vertragsverletzung"** (Enneccerus, Lehrbuch des Bürgerlichen Rechts 15./17. Aufl., Bd. I, 2 § 278) zu stützen; die nicht ordnungsgemäße Erfüllung der schuldrechtlichen Verpflichtung durch den Schuldner hat dem Gläubiger einen über sein Interesse an der Erfüllung hinausreichenden Schaden verursacht (Staud. § 241 Anm. 5c, Vorbem. vor §§ 275—282 Anm. C I, II). Der Schuldner haftet demnach, abgesehen von den allgemeinen Fällen der Unmöglichkeit und des Verzugs, für jeden Schaden, den er dem Gläubiger durch schuldhafte Verletzung einer (primären oder sekundären) Vertragspflicht zugefügt hat (Staud. § 276 Anm. I 1b), wobei derartige Ansprüche gem. § 195 erst nach 30 Jahren verjähren.

In Anwendung dieser allgemeinen Rechtsgrundsätze kann der Kläger vom Beklagten Balz als Schadenersatz verlangen den Betrag von 200 RM., welchen er wegen Verletzung des Knaben an Heilungskosten (Arzt und Apotheke) verauslagen mußte: § 249 Satz 2. Der Kläger, welcher diese Auslagen in Erfüllung seiner gesetzlichen Unterhaltspflicht (§§ 1601, 1602) leistete, ist insoweit ersatzberechtigt. Es handelt sich nicht um einen Ersatzanspruch des Kindes, sondern um einen **Anspruch des Klägers selbst.** Abwegig ist die Ansicht des Vertreters des Beklagten Balz, der Kläger wolle unzulässigerweise seine gesetzliche Unterhaltspflicht auf einen andern abwälzen.

Desgleichen besteht der Anspruch auf Ersatz des bei dem

Unfall zertrümmerten wertvollen Blumentopfes in Höhe von 30 RM. zu Recht.

Mitwirkendes Verschulden des Klägers (§ 254) scheidet nach Sachlage aus. Das sechsjährige Kind ist aufgeweckt, aber keineswegs verwegen: mangelnde Beaufsichtigung kann bei dem an sich wenig gefahrbringenden Besteigen der Lehne einer wenn auch freistehenden Truhe durch den Knaben dem Vater nicht zum Vorwurf gemacht werden. Nur eine aus minderwertigem Material hergestellte Rückenlehne kann bei dieser an sich minimalen Belastung sofort zusammenbrechen. Vollkommen unrichtig ist überdies die vom Vertreter des Beklagten Balz vertretene Ansicht, daß überwiegendes Verschulden des Geschädigten jegliche Schadenersatzverpflichtung zu beseitigen imstande sei.

b) Der auf Schmerzensgeld in Höhe von 500 RM. erhobene Anspruch ist nicht begründet, da Voraussetzung hiefür das Vorliegen einer unerlaubten Handlung (§§ 847, 823 ff.) ist. Fahrlässigkeit im Sinne des Gesetzes erfordert zwar nicht, daß die konkrete Gestaltung des Kausalzusammenhanges in allen Einzelheiten voraussehbar war, wenn nur ein schädlicher Erfolg der eingetretenen Art im allgemeinen erwartet werden konnte (Staud. § 823 Anm. II C, Vorbem. vor §§ 275—282 Anm. B I 2b). Es ginge zu weit, wollte man von dem Hersteller eines Schnitzwerkes verlangen, daß er mit dem Besteigen der Truhenlehne durch ein unbeaufsichtigtes Kind und mit dem sich weiter anschließenden Unfall samt möglichen und unmöglichen Unfallfolgen rechnen müßte.

Auch aus § 831 kann der Beklagte Balz nicht in Anspruch genommen werden, da Voraussetzung für die Anwendbarkeit dieser Bestimmung fahrlässiges Verhalten des zur Verrichtung Bestellten ist; ein solches liegt jedoch nach Sachlage nicht vor, so daß sich weitere Erörterungen erübrigen, ob Balz als „Geschäftsherr" im Sinne des § 831 zu erachten ist und ob er — was übrigens nach Sachlage zu verneinen wäre — nicht den Exkulpationsbeweis nach § 831 I Satz 2 führen könnte; in letzterer Hinsicht wäre zu beachten, daß Claus in Hochkirch als wenig zuverlässig gilt, so daß es Balz nicht entlasten könnte, wenn er dem an sich im Holzschnitzen sehr bewanderten Claus dringendst saubere Arbeit eingeschärft hat; eine als unzuverlässig bekannte Persönlichkeit hätte überhaupt nicht ausgewählt werden dürfen.

c) Aus dem Gesichtspunkt der positiven Vertragsverletzung kann der Kläger auch Ersatz des entgangenen Gewinnes in Höhe von 180 RM. verlangen. Auszuscheiden hat die Anwendbarkeit des § 635; der entgangene Gewinn ist vielmehr auf die infolge des Unfalles vom 7. Oktober 1928 eingetretene Beschädigung zurückzuführen. Schadenersatz ist auch im Falle der positiven Vertragsverletzung nach den allgemeinen Bestimmungen, hier also gem. § 252 zu leisten. Die von dem Kaufliebhaber angebotene Summe von 900 RM. abzüglich des Kaufpreises von 720 RM., d. h. der Betrag von 180 RM., ist die Forderung, welche dem Kläger gegen den Beklagten Balz als zu leistender Schadenersatz zusteht.

Das Bestreiten der Schadenersatzverpflichtung durch den Vertreter des Beklagten Balz stützt sich offenbar auf § 254 II. Diese Bestimmung greift jedoch nach Sachlage nicht Platz. Der Kläger war zunächst gar nicht in der Lage, mit dem Eintritt dieses Schadens zu rechnen, so daß ihn auch eine Mitteilungspflicht nicht trifft. Es handelt sich ferner nicht um einen „ungewöhnlich hohen" Schaden, so daß auch aus diesem Gesichtspunkt die Anwendbarkeit der angezogenen Gesetzesbestimmung entfällt.

Unbehelflich ist es, ob Balz den Schaden voraussehen konnte und ob er bei Vertragsabschluß bereits an die Übertragung des Auftrages an Claus gedacht hat. Gleichgültig bleibt ferner, ob der vereinbarte Preis von 720 RM. ein Freundschaftspreis ist; selbst wenn die Truhe einen wahren Verkaufswert von 800 RM. haben sollte, so bleibt der für die Berechnung des entgangenen Gewinnes maßgebende Kaufpreis der Betrag von 720 RM., um welchen Preis der Kläger die Truhe tatsächlich erworben hat. Der Beklagte kann nicht den allenfalls vorher bewilligten Preisnachlaß **jetzt wieder** für sich in Anspruch nehmen.

d) Der Mitbeklagte Claus kann vom Kläger bezüglich der Schadenersatzforderungen nicht in Anspruch genommen werden; Aust steht mit Claus in keinerlei Vertragsverhältnis, so daß vertragliche Haftung ausscheidet.

Haftung aus unerlaubter Handlung (§§ 823 ff.) kommt aus dem gleichen Grunde wie für Balz nicht in Betracht, da fahrlässiges Verhalten bei der Verwendung minderwertigen Materiales nach Sachlage nicht angenommen werden kann.

Abwegig ist es seitens des Vertreters des Beklagten Balz, den Kläger bezüglich seiner Ansprüche an Claus bzw. Damm zu verweisen, weil diese beiden, insbesondere Claus, mangelhaft geliefert hätten. Der Kläger hält sich mit Recht an seinen Vertragsgegner, den Beklagten Balz; diesem bleibt es seinerseits überlassen, sich im Wege des Rückgriffs an Claus und Damm schadlos zu halten. Mit der Abtretung der Ansprüche gegenüber Claus braucht sich der Kläger, entgegen der vom Vertreter des Beklagten Balz vertretenen Auffassung, nicht zufriedenzugeben.

Darauf, daß der Beklagte Balz sowohl den Claus für die Herstellung der Schnitzwerke als auch den Damm für Lieferung des Lackes reichlich durch Hingabe von eigenen wertvollen Schnitzereien entschädigt hatte, kommt es nicht an.

Die vom Vertreter des Beklagten Balz geäußerte Auffassung, Balz habe als Geschäftsführer ohne Auftrag gehandelt, ist irrig; Balz und nur dieser ist für den Kläger Vertragsgegner.

4. **Das Klagebegehren unter Ziff. 3c der Klage** ist unzulässig und unbegründet.

a) Da der Erfüllungsanspruch als berechtigt anerkannt wird, scheidet damit der vorsorglich geltend gemachte Anspruch auf Anerkennung der Richtigkeit des Vertrages vom 25. September 1928 und auf Rückgabe des Schuldscheines vom gleichen Tage aus.

Vorsorgliche Erhebung einer Klage ist, entgegen der vom Vertreter des Beklagten Balz vertretenen Auffassung, als zulässig zu erachten, wenn Haupt- und Eventualbegehren derart in Beziehung zueinander stehen, daß beide einander ausschließende Tatbestände voraussetzen (Stein-J. § 260 Anm. II B c). Ein bedingtes Rechtsschutzbegehren (Stein-J. § 260 Anm. II B 2) liegt nicht vor.

b) Anfechtbarkeit wegen Irrtums (§ 119) ist nicht gegeben. Wenn auch der Kläger erst **nach** Lieferung erfuhr, daß die Lehne samt Armstützen nicht vereinbarungsgemäß vom Beklagten Balz, sondern von Claus hergestellt worden waren, und er diese Lieferung mit Recht nicht als Erfüllung des mit Balz abgeschlossenen Werklieferungsvertrages erachtete, so lag trotzdem ein **Irrtum bei Abschluß des Vertrages** nicht vor.

Wegen vertragswidrigen Verhaltens des Beklagten Balz — ein solches liegt entgegen der Ansicht seines Vertreters auf Grund der vorher getroffenen mündlichen Vereinbarungen über Herstellung der Schnitzwerke vor, ohne daß diese Verpflichtung des Balz ausdrücklich in den Schuldschein aufgenommen zu werden brauchte — kann der Kläger nicht Nichtigkeit des Vertrages geltend machen.

Da der Vertrag vom 25. September 1928 als zu Recht bestehend erachtet werden muß, ist die auf ungerechtfertigte Bereicherung (§§ 142, 812ff.) gestützte Forderung des Klägers auf Rückgabe des Schuldscheines unbegründet; der Beklagte Balz verweigert mit Recht die Herausgabe.

Nicht angängig wäre es, im Falle der Anfechtung des Vertrages wegen Irrtums einen Anspruch wegen entgangenen Gewinns erheben zu wollen. Anfechtung wegen Irrtums hätte Nichtigkeit des Vertrages von Anfang an (§ 142) und sohin Rückgewähr der gegenseitigen Leistungen als ungerechtfertigte Bereicherung zur Folge. Die in § 122 normierte Schadenersatzverpflichtung, auf welche die Ausführungen des Klagevertreters abzielen, würden den die Anfechtung Erklärenden **selbst** treffen; hätte sich der Kläger tatsächlich im Irrtum befunden, so könnte er nicht nach erfolgter Anfechtung auch noch seinerseits Schadenersatz gem. § 122 vom Beklagten Balz verlangen.

c) Für eine negative Feststellungsklage des Klägers (§ 256 ZPO.) fehlt es am Vorliegen des rechtlichen Interesses, da das strittige Rechtsverhältnis auch durch **Leistungsklage**, nämlich durch Klage auf Wandelung, geklärt werden kann. Es kann dem Kläger nicht die Wahl überlassen bleiben, ob er an Stelle einer an sich gebotenen Leistungsklage die seiner

Ansicht nach seine Belange besser wahrende negative Feststellungsklage erheben kann und will.

d) Die vom Beklagten Balz erhobene Feststellungsklage, die als Widerklage zu erachten ist, ist unzulässig, da ein rechtliches Interesse an der alsbaldigen Feststellung des Bestehens des Vertrages vom 25. September 1928 nicht besteht; in dem auf Leistung aus dem fraglichen Vertrag erhobenen Rechtsstreit wird ohne weiteres zur Frage der Gültigkeit dieses Vertrages — im bejahenden Sinne — Stellung genommen (Stein-J. § 256 Anm. III, 5). Die Feststellungswiderklage des Beklagten Balz ist daher als unzulässig abzuweisen.

e) Die vom Beklagten Balz erhobene Klage gegen den Kläger auf Zahlung des vereinbarten Preises von 720 RM. nebst 5% Zinsen seit 6. November 1928 ist unbegründet, da gem. § 641 die Vergütung **erst bei Abnahme** nach vertragsmäßiger Herstellung des Werkes zu leisten ist; es besteht sohin eine gewisse **Vorleistungspflicht des Unternehmers.** Nach vertragsmäßiger Herstellung des Werkes haben Leistung und Gegenleistung **Zug um Zug** zu erfolgen: §§ 320, 322.

Die Widerklage des Beklagten Balz ist daher abzuweisen, wobei jedoch die unter Ziff. II des Urteilstenors ausgesprochene Verpflichtung des Beklagten Balz von der vom Kläger Zug um Zug zu leistenden Zahlung eines Betrages von 720 RM. abhängig zu machen war (Staud. § 641 Anm. 2).

5. **Die Widerklage des Beklagten Claus,** gerichtet gegen den Kläger und den Mitbeklagten Balz, ist abzuweisen.

Widerklage ist nur zulässig gegen den Kläger (Stein-J. § 33 Anm. I); die gegen den Mitbeklagten Balz erhobene Widerklage ist demnach nicht zulässig.

Für die gegen den Kläger erhobene Feststellungsklage des Beklagten Claus liegt ebenfalls ein rechtliches Interesse nicht vor, da über das Bestehen und Nichtbestehen irgendwelcher Ansprüche des Klägers aus Lieferung der Schnitzwerke und wegen des Unfalles bereits im Rahmen der vom Kläger erhobenen Leistungsklage entschieden wird. Widerklage auf negative Feststellung dessen, was der Kläger ohnedies in der Klage verlangt, ist gegenstandslos (Stein-J. § 256 Anm. III 5; § 33 Anm. I) und daher abzuweisen.

Der an sich nicht mehr weiter zu würdigenden Begründung der Widerklage des Beklagten Claus kann nicht beigetreten werden. Die Lieferung der Rückenlehne und der Armstützen ist auch für Claus kein Handelsgeschäft im Sinne der §§ 343ff. HGB., so daß auch insoweit § 377 HGB. nicht Platz greift. Während der Kläger mit dem Beklagten Claus in keinerlei vertraglichen Beziehungen steht, ist das zwischen Balz und Claus bestehende Rechtsverhältnis als Dienst- eventuell als Werkvertrag zu erachten, bei welchem ein Verlust irgendwelcher Ersatzansprüche durch Verwirkung eines Mängelrügerechtes **praktisch** ausgeschlossen ist. Ohne daß die diesbezügliche Entscheidung für die Beurteilung des gegenständigen Falles von weiterer Bedeutung ist, mag doch festgestellt werden, daß Ersatzansprüche des Balz gegen Claus aus mangelhafter Arbeit nicht erloschen sind.

Die an diesen Fragenkomplex sich anknüpfenden, seitens des Klagevertreters in seinem letzten Schriftsatz gezogenen Schlußfolgerungen sind allerdings meistens nicht zutreffend. In den Schriftsätzen der Vertreter der beiden Beklagten ist kein Geständnis (§ 288 ZPO.) des Inhalts enthalten, daß der Vertrag vom 25. September 1928 ein Handelsgeschäft sei; es handelt sich vielmehr um eine wenn auch unrichtige rechtliche Qualifikation eines Rechtsvorganges. Würde allerdings ein Handelsgeschäft vorliegen, so wären sämtliche Kontrahenten zu besonderer Sorgfalt und Nachprüfung verpflichtet.

II.

1. Der unter **Ziff. 4 erhobene Klageanspruch** auf **Lieferung der Krippenfiguren** „Die Heiligen 3 Könige" nach Nr. III des Musterkataloges gegen Zahlung von 40 RM. (der Katalogpreis ist allerdings 45 RM.) ist unbegründet, die Klage daher insoweit abzuweisen.

a) Die sachliche Zuständigkeit des Landgerichts Marbach ist, obwohl es sich bei den Ansprüchen des Klägers bezüglich der Holzfiguren um eine an sich zur Zuständigkeit der Amtsgerichte gehörige Streitsache (Wert 45 RM.) handelt, gegeben. Gem. § 260 ZPO. ist die gemeinsame Erhebung von Ansprüchen des Klägers gegen denselben Beklagten zulässig; auf einen inneren Zusammenhang der erhobenen Ansprüche hat es, entgegen der vom Vertreter des Beklagten Balz dargelegten Rechtsauffassung, nicht anzukommen. Gem. § 5 ZPO. findet eine Zusammenrechnung der erhobenen Ansprüche statt; dadurch ist die sachliche Zuständigkeit des angerufenen Gerichtes gegeben (Stein-J. § 260 Anm. IV 1).

b) In der Übergabe des Musterbuches durch den Beklagten Balz an den Kläger ist die Abgabe eines Vertragsangebotes nicht zu erblicken (Staud. § 145 Anm. 3d); es liegt vielmehr eine Aufforderung zur Abgabe eines Angebotes vor.

Der Wille des Klägers ging — auch wenn seitens der zur Ausführung der Bestellung benützten Schreibkraft ein Versehen vorliegt — auf Bestellung der „Heiligen 3 Könige Nr. II"; der Beklagte Balz, welcher die in der Postkarte vom 26. September 1928 irrtümlich enthaltene **und** verwischte Zahl „III" für „II" las, wollte seinerseits die „Heiligen 3 Könige Nr. II" liefern. Es liegt sohin, trotz der auf beiden Seiten unterlaufenen Fehler, bei Kläger und Beklagtem ein **einheitlicher, auf Lieferung der „Heiligen 3 Könige Nr. II" gerichteter Konsens** vor. Der Vertrag ist durch Angebot (Postkarte des Klägers vom 26. September 1928) und dessen unverzügliche Annahme (Bestätigung des Beklagten Balz, eingelaufen bei dem Kläger am 28. September 1928) zustandegekommen: §§ 145, 147, 151.

Es würde den Grundsätzen von Treu und Glauben (§§ 157, 242) widersprechen, wenn der Kläger nunmehr unter Berufung auf den seiner Schreibkraft unterlaufenen Hörfehler und das ihm selbst bei Durchsicht der Postkarte passierte Versehen die Lieferung der von ihm zwar **formell, aber nicht mit Bewußtsein** bestellten „Heiligen 3 Könige Nr. III" verlangen wollte. Das Versehen auf seiten des Klägers — der davon ja selbst erst Ende Oktober 1928 gelegentlich einer Rücksprache mit seinem Kinderfräulein erfuhr — ist durch ein vielleicht vermeidbares Versehen auf seiten des Beklagten Balz wieder ausgeglichen worden.

2. Ohne daß es für die Entscheidung des erhobenen Klageanspruches weiter darauf anzukommen hat, mag in Stellung-

nahme zu den Erklärungen der Parteivertreter noch folgendes ausgeführt werden: Bezüglich der „Heiligen 3 Könige Nr. II" besteht für den Kläger eine Annahmeverpflichtung nicht mehr. Die Figuren waren, da als Geburtstagsgeschenk gedacht, bis spätestens 10. Oktober 1928 nach Willen der Parteien zu liefern; wird die Lieferungsfrist nicht eingehalten, so gerät der Schuldner in Verzug (§ 284), welcher dem Gläubiger die Rechte aus § 326 einräumt. Gem. § 326 II hätte der Kläger, nachdem für ihn die Lieferung nach Sachlage kein Interesse mehr hatte, **ohne Setzung einer Nachfrist** sofort vom Vertrag zurücktreten können.

Unrichtig sind allerdings die Ausführungen des Klagevertreters, das Figurengeschäft sei nach dem Geständnis des Beklagten Balz ein Handelsgeschäft, insbesondere ein handelsrechtliches Fixgeschäft, bei dem die Fristsetzung entfalle. Insoweit wird auf die bereits gemachten Darlegungen Bezug genommen; vor allem liegt ein Geständnis nicht vor. § 377 HGB. greift nicht Platz.

Die **unnötigerweise** mit Postkarte vom 11. Oktober 1928 bis 15. Oktober 1928 gesetzte Nachfrist mit der Erklärung, daß nach fruchtlosem Ablauf der Frist die Annahme verweigert werde, ist als angemessen zu erachten; ein im Verzuge befindlicher Schuldner muß mit erhöhter Intensität seinen Verpflichtungen nachzukommen bestrebt sein. Darauf, daß der Beklagte Balz zur Zeit der vereinbarten Lieferung selbst kein geeignetes Holz hatte und auch solches von seinen Nachbarn nicht bekommen konnte, kann nicht Rücksicht genommen werden; der Beklagte mußte sich bereits bei Annahme des Auftrages darüber im klaren sein, ob er das zur Herstellung benötigte Holz im Besitz habe bzw. sich beschaffen könne. Bei der Setzung einer Nachfrist braucht dieser Umstand nur in untergeordnetem Maße beachtet werden.

III.

1. Auch bezüglich der **Ansprüche** des Klägers **wegen des Drillings** ist aus den gleichen Gründen wie bezüglich der Holzfiguren die sachliche Zuständigkeit des Landgerichts Mar-

bach gegeben. Auf die Ausführungen unter II 1a wird in vollem Umfange Bezug genommen.

2. Über den zunächst bei dem Beklagten Balz zurückgelassenen Drilling des Klägers war zwischen den Parteien ein unentgeltlicher Verwahrungsvertrag abgeschlossen worden, der den Verwahrer gem. §§ 688, 690 zur Haftung für Sorgfalt, welche er in eigenen Dingen anzuwenden pflegt, verpflichtet.

Der zwischen Max Eckel und dem Beklagten Balz am 1. Oktober 1928 abgeschlossene Tauschvertrag (§ 515) war rechtsgültig; obwohl Balz nicht Eigentümer des Drillings des Klägers war, hatte Eckel gutgläubig mit der vollzogenen Übergabe Eigentum erworben: §§ 929, 932; eine abhanden gekommene, vom jeweiligen Besitzer herauszuverlangende Sache liegt nicht vor. Die vom Vertreter des Beklagten Balz unter Hinweis auf die letztwillige Zuwendung des Drillings begründete Unwirksamkeit der Eigentumsübertragung liegt nicht vor; es handelt sich um eine rein intern wirkende, die allgemeinen Bestimmungen des BGB. nicht betreffende Anordnung des Erblassers.

Gem. § 816 I Satz 1 hat der Beklagte Balz dem Kläger das durch den abgeschlossenen Tauschvertrag Erlangte, nämlich den Drilling des Max Eckel, herauszugeben. Der Kläger braucht sich nicht mit einem vom Beklagten Balz allenfalls zu leistenden Wertersatz in Höhe von 150 bzw. 200 RM. zufrieden geben.

Eine Herausgabeverpflichtung besteht für Eckel sowohl bezüglich des Drillings als auch bezüglich des durch den Verkauf erzielten Erlöses und Gewinnes (Staud. § 816 Anm. 3: Herausgabe des Gewinnes) **nicht**, letztere insbesondere deshalb nicht, weil die Verfügung nicht unentgeltlich war (§ 816 I Satz 2); es lag ja ein Tauschvertrag vor, in dessen Vollzug Eckel sein eigenes Jagdgewehr hergeben mußte.

Das von Eckel dem Beklagten Balz übersandte Kistchen Zigarren ist nicht als durch die Verfügung erlangt im Sinne des § 816 I Satz 1 zu erachten. Wenn auch die Sendung „als Zeichen der Dankbarkeit für die Bereitwilligkeit zum Tausche" bezeichnet wird, so handelt es sich doch um eine mit der vorgenommenen Verfügung in einem sehr losen, jedenfalls in keinem inneren Zusammenhang stehende Schenkung (§§ 516 ff.)

Auch aus dem Gesichtspunkt der Haftung auf Grund Verwahrungsvertrages kann eine Herausgabeverpflichtung bezüglich des Kistchens Zigarren nicht begründet werden. Aus diesem Vertrag ist der Beklagte Balz zur Zurückgabe des Drillings verpflichtet, kann jedoch dieser Verpflichtung infolge eines Umstandes, welcher die Leistung unmöglich macht, nicht mehr nachkommen. Wenn auch § 281 **auf dingliche Ansprüche** anwendbar ist (Staud. § 281 Anm. I 1a), so ist trotzdem nur der eingetauschte Drilling, niemals aber das Kistchen Zigarren als „Ersatz" im Sinne dieser Bestimmung zu erachten.

Der Klage auf Herausgabe des von Max Eckel eingetauschten Jagdgewehres (Drilling) war daher unter Ziff. III des Urteilstenors stattzugeben; im übrigen war der unter Ziff. 2 erhobene Klageanspruch abzuweisen.

IV.

Die **Entscheidung im Kostenpunkt** gilt als erlassen.

gez. Klug. gez. Streng. gez. Scharf.

I. Die Ansprüche aus den Erwerbsrechten.

1. a) Der **Vertrag vom 1. Januar 1925** (= Vertrag I), in seinem ersten Teile ein Werk- (§§ 631 ff.) bzw. ein Werklieferungsvertrag (§ 651), enthält bezüglich des Grundstücks Pl.-Nr. 101 zunächst die Verpflichtung für Stark, dieses Grundstück dem Hirsch um den vereinbarten Preis von 5000 RM. abzukaufen; es handelt sich sohin um einen Vorvertrag. Ob bezüglich des Grundstücks Pl.-Nr. 101 die Formvorschrift des § 313 hätte beachtet werden müssen, mag dahingestellt bleiben. Grundsätzlich bedarf auch ein Vorvertrag zu rechtsgültigem Abschluß der Form des § 313, da er ja mittelbar bereits die Verpflichtung zur Übertragung des Eigentums enthält (Staud. § 313 Anm. A I 1). Andererseits muß aber im vorliegenden Fall auch beachtet werden, daß Stark erst „auf Verlangen" des Hirsch zur Abnahme verpflichtet sein sollte.

Selbst wenn bei Abschluß des Vertrages I ein Formverstoß vorgekommen sein sollte, so wäre dieser Formmangel durch den in rechtsgültiger Weise (§§ 873, 925) über das Grundstück Pl.-Nr. 101 **am 15. März 1925 abgeschlossenen notariellen Vertrag** (= Vertrag II), grundbuchamtlich vollzogen am 20. März 1925, ausgeglichen. Dieser Vertrag ist in keiner Weise zu beanstanden; insbesondere läßt sich eine Ungültigkeit nicht aus der Nichtbeachtung der Formvorschrift bei Vertrag I herleiten. Wenn auch Vertrag II in Erfüllung der in Vertrag I eingegangenen Verpflichtungen abgeschlossen wurde, so handelt es sich doch bei Vertrag II um ein selbständiges Rechtsgeschäft, das dem Willen der Parteien zur Zeit dieses Vertragsabschlusses entsprach.

b) Das im Vertrag I für Hirsch vorgesehene Recht, im Falle des durchgeführten Verkaufes das Grundstück Pl.-Nr. 101 bei Eigentumswechsel wieder zu erstehen, ist als **Wiederkaufs-**

recht im Sinne der §§ 497ff. zu erachten; auch an einen Verkaufsfall oder den Fall des Eigentumswechsels kann das Wiederkaufsrecht geknüpft werden, ohne dadurch zu einem Vorkaufsrecht (§§ 504ff.) zu werden (Staud. § 497 Anm. 2b am Ende, Vorbemerkungen vor § 497 Anm. I 1, 3). Das Wiederkaufsrecht, das die Vereinbarung eines dem ersten Kaufvertrag angefügten ausdrücklichen Vorbehaltes erfordert, bedarf, wenn ein Grundstück den Gegenstand des Vertrages bildet, zum rechtswirksamen Abschluß eines notariellen Vertrages gem. § 313 (Staud. § 497 Anm. 2a, § 313 Anm. A I 3 a η); denn durch die Einräumung des Wiederkaufsrechtes ist für den Wiederverkäufer **unabhängig von seinem Willen** die Verpflichtung zur Zurückübertragung des Grundstückseigentums und damit die Voraussetzung für die Formbedürftigkeit gegeben.

Das im Vertrag I vorgesehene Wiederkaufsrecht des Hirsch ist sohin gem. § 125 infolge Nichtbeachtung der Formvorschrift des § 313 nichtig. Da es in Vertrag II nicht aufgenommen ist, kann Hirsch keinerlei Ansprüche daraus herleiten.

c) α) Würde das im Vertrag I vorgesehene Wiederkaufsrecht im eigentlichen Kaufvertrag, d. h. im Vertrag II vereinbart worden sein, so wäre es rechtswirksam entstanden. Wenn auch dem Vorbehalt des Wiederkaufs **nur schuldrechtliche**, nicht aber dingliche (d. h. gegen am Vertrag nichtbeteiligte Dritte gerichtete) **Wirksamkeit** zukommt, so könnte trotzdem zur Sicherung des Wiederkaufsanspruches eine Vormerkung gem. §§ 883ff. im Grundbuch eingetragen werden. Gegen den Dritten steht dem Berechtigten ein Anspruch nicht zu, weder auf Übergabe noch auf Schadenersatz. Der Wiederkaufsverpflichtete ist allein diejenige Person, an die sich der Berechtigte halten kann: § 499 (Staud. Vorbem. vor § 497 Anm. I 1a).

Aus alledem ergibt sich, daß Hirsch gegen die offene Handelsgesellschaft Stark u. Cie. in Ausübung des Wiederkaufsrechtes keine Ansprüche erheben kann.

β) Die durch den **Vertrag vom 15. Juli 1927** (= Vertrag III) von Stark und Leicht gegründete offene Handelsgesellschaft (§§ 105ff. HGB.) war infolge Auflassung (§ 925) und Eintragung im Grundbuch (§ 873) Eigentümerin der eingebrachten Grundstücke Pl.-Nr. 101 und 102 geworden. Da das Gesellschaftsvermögen der offenen Handelsgesellschaft eine vom Vermögen des einzelnen Gesellschafters getrennte Masse ist, das sämtlichen Gesellschaftern zur gesamten Hand zusteht, liegt im Falle der Einbringung von Grundstücken in eine derartige Gesellschaft ein die Auflassung erfordernder Eigentumswechsel vor (Staub § 105 Anm. 28 und 29). Unrichtig ist die von Stark vertretene Auffassung, die eingebrachten Grundstücke befänden sich noch in seinem Miteigentum.

Nach Sachlage ist der für Eintritt des Wiederkaufsrechtes vorgesehene Fall des Eigentumswechsels als gegeben anzusehen. Die Verpflichtung des Stark aus dem innerhalb der gesetzlichen Frist von 30 Jahren (§ 503) ausübbaren Wiederkaufsrechte regelt für diesen Fall § 499 Satz 1.

Als Wiederkaufspreis gilt der Marktpreis zur Zeit des Wiederkaufs als vereinbart.

Darauf, daß das Grundstück nunmehr überbaut ist, hat es nicht anzukommen. Richtig ist, daß im Falle der Erlassung eines allgemeinen Veräußerungsverbotes im gerichtlichen Vergleichsverfahren (§ 51 VerglO.) — Eintragung im Grundbuch erforderlich: § 53 VerglO. — Verfügungen des Schuldners über Vermögensstücke nach Erlaß des Verbotes den am Vergleichsverfahren beteiligten Gläubigern gegenüber unwirksam sind: § 54 I VerglO. Zur Rückübertragung des Eigentums wäre aber eine Verfügung des Verpflichteten erforderlich, da die Rückkaufserklärung eine unmittelbar dingliche Wirkung nicht ausübt (Staud. § 497 Anm. 5a). Während des Bestehens des allgemeinen Veräußerungsverbotes kann daher eine Rückübertragung des Eigentums an Grundstück Pl.-Nr. 101 an Stark und durch diesen an den Wiederkaufsberechtigten Hirsch nicht erreicht werden.

2. a) Das im Vertrag I für Hirsch vorgesehene Recht, das Grundstück Pl.-Nr. 102 zu erwerben, falls dieses seinen Eigentümer wechseln sollte, ist ein **Vorkaufsrecht** im Sinne der §§ 504ff. (persönliches Vorkaufsrecht); ein dingliches Vor-

kaufsrecht (§§ 1094ff.) liegt nicht vor, da eine Belastung eines Grundstückes nicht gegeben ist.

Die Einräumung eines persönlichen Vorkaufsrechtes hinsichtlich eines Grundstücks bedarf zum rechtsgültigen Abschluß der Beachtung der Formvorschrift des § 313 (Staud. § 313 Anm. A I 2 a β, § 504 Anm. 2c). Da Vertrag I dieser Formvorschrift nicht genügt, das Vorkaufsrecht sohin gem. § 125 nichtig ist, kann Hirsch keinerlei Ansprüche daraus auf Übertragung des Eigentums an Grundstück Pl.-Nr. 102 geltend machen.

b) Würde das im Vertrag I vorgesehene Vorkaufsrecht im Vertrag II, also rechtsgültig vereinbart worden sein, so könnte es trotzdem Hirsch nicht ausüben, da **Einbringung in eine Gesellschaft** nicht unter §§ 504ff. fällt (Staud. § 504 Anm. 2a β).

II. Die Kündigung.

1. Die **am 1. Mai 1925** zwischen Stark und Hirsch mündlich **getroffene Vereinbarung** (= Vertrag IV) begründet ein Mietrecht des Hirsch auf die Dauer von 30 Jahren nicht; dazu wäre schriftliche Verabfassung des Mietvertrages erforderlich gewesen (§ 566 Satz 1). Der Vertrag gilt vielmehr als für unbestimmte Zeit abgeschlossen und ist dann auch, nach Ablauf des Vertragsjahres, nach Maßgabe des § 565 I weiter kündbar (Staud. § 566 Anm. III 1). Es bleibt sohin in gültiger Weise vereinbart die Höhe des jährlichen Mietzinses mit 1000 RM., während die Bestimmungen über Kündigung und Unkündbarkeit nicht in Wirksamkeit treten können; insoweit greift die allgemein getroffene gesetzliche Regelung Platz. Bei Mietbeginn am 1. Juli 1925 wurde vereinbarungsgemäß der Mietzins für die ersten 10 Jahre durch Anrechnung auf den Baupreis in Höhe von 10000 RM. beglichen.

Die mit **notariellem Vertrag vom 1. Oktober 1925** (= Vertrag V) vereinbarte und nachträglich grundbuchamtlich vollzogene (§§ 873, 925) beschränkte persönliche Dienstbarkeit hat allerdings, entsprechend dem von Anfang an bestehenden Willen der Parteien, dem für die Dauer von 30 Jahren vorgesehenen Mietrecht eine dingliche Natur verliehen (Staud. § 1090 Anm. I 2a), wobei die Beifügung der

Zeitbestimmung als statthaft zu erachten ist (Staud. § 1090 Anm. II 1c). Das ganze zwischen Hirsch und Stark bestehende Rechtsverhältnis ist nun **in erster Linie** als beschränkte persönliche Dienstbarkeit nach § 1093 zu beurteilen; an der Natur des Wohnungsrechtes wird trotz Festsetzung eines Mietzinses und eines Kündigungsrechtes nichts geändert (Staud. § 1093 Anm. I, 4; II, 3). Die dingliche Natur des Wohnungsrechtes äußert sich, wie von Hirsch richtig erkannt, hauptsächlich bei Zwangsversteigerung des Grundstückes (Staud. § 1093 Anm. I, 4).

2. Grundsätzlich darf nun der Wohnungsberechtigte andere Personen (z. B. Mieter) im Zweifel nicht aufnehmen (Staud. § 1093 Anm. III c); der Verpflichtete braucht dies nicht zu dulden.

a) Nimmt Hirsch, wenn auch unter Verschweigung des wahren Sachverhaltes gegenüber Stark, den bei ihm beschäftigten Mair in seine Wohnung auf — die Gewährung freier Wohnung bildet einen Teil der an Mair für seine Dienste zu leistenden Vergütung —, so kann darin ein Verstoß gegen das dem Berechtigten zustehende Benützungsrecht nicht erblickt werden: § 1091; denn das persönliche Bedürfnis im Sinne der letztgenannten Bestimmung ist **im wirtschaftlichen Sinne zu verstehen**, so daß auch das Bedürfnis der Haushaltung und des Geschäftsbetriebs des Berechtigten darunter fällt (Staud. § 1091 Anm. 1b).

b) Kein Zweifel besteht nun zwar nach Sachlage daran, daß Hirsch von den nachträglich begonnenen zweifelhaften Geschäften seines Angestellten Mair Kenntnis hatte. Trotzdem ist Stark zu einer auf der Stelle in Wirksamkeit tretenden außerordentlichen Kündigung nicht berechtigt, weil das Mietverhältnis durch den Eintrag der persönlichen Dienstbarkeit dinglichen Charakter erhalten und damit der Beurteilung nach rein mietrechtlichen Bestimmungen insoweit entzogen worden ist.

Die **Kündigung vom 15. Januar 1929** ist unwirksam, das Verlangen des Stark auf **sofortige Räumung** der Wohnung durch Hirsch unbegründet.

III. Die Ansprüche wegen des Darlehens.

1. Nach dem Willen der sämtlichen Beteiligten (Gläubiger und Mitbürgen) sollte die Bürgschaft von Hirsch und dem Darlehenskassenverein Felden e.G.m.b.H. (nicht „G.m.b.H.": § 1 Genossenschaftsgesetzes) übernommen werden; dies war insbesondere vor Ausstellung der an sich den Formvorschriften des § 766 entsprechenden **Bürgschaftserklärung vom 1. November 1927** zwischen den vertretungsberechtigten Vorstandsmitgliedern Huber und Feist (§§ 9, 24, 25 GenG.) und Hirsch ausdrücklich vereinbart worden, ohne daß diese Vereinbarung der Formvorschrift des § 766 entsprechen müßte (Staud. § 766 Anm. 1g).

Wenn im weiteren Verlauf der Entwicklung Hirsch entgegen dem gegebenen Versprechen die Bürgschaftsurkunde nicht auch seinerseits unterzeichnet, so ist damit die Bürgschaft des Darlehenskassenvereins Felden nichtig; denn von Anfang an steht jede Einzelbürgschaft unter der stillschweigenden Vertragsbedingung, daß auch alle übrigen Mitbürgen sich rechtswirksam verbürgen (Staud. § 769 Anm. 1).

Stark, der gegen das offensichtlich unvollständige Schriftstück an Hirsch die Summe von 6000 RM. Darlehen für Mair ausgehändigt hatte, kann aus dieser Bürgschaftserklärung an den **Darlehenskassenverein Felden** keinerlei Ansprüche erheben.

2. Eine **persönliche Haftung der vertretungsberechtigten Vorstandsmitglieder** Huber und Feist scheidet schon um deswillen aus, weil diese, wie auch Stark bekannt war, ihre Verpflichtungserklärungen nur für den Darlehenskassenverein Felden abgeben wollten und auch abgegeben haben. Wenn auch gem. § 25 GenG. die für die Genossenschaft verantwortlich Zeichnenden das tatsächlich bestehende Vertretungsverhältnis kundtun sollen, so ist doch die Gültigkeit eines Rechtsverhältnisses nicht davon abhängig, daß die Vorstandsmitglieder zur Unterschrift die Firma hinzusetzen (Parisius-Crüger, Genossenschaftsgesetz, 18. Auflage, § 25 Anm. 3).

3. Auch **gegen Hirsch** kann Stark aus dem gegebenen Darlehen keinerlei Ansprüche geltend machen. Die mündliche Er-

klärung der Bürgschaftsübernahme ist belanglos: § 766; eine schriftliche Bürgschaftserklärung des Hirsch liegt nicht vor. Haftung aus Bürgschaft scheidet ohne weiteres aus.

Das Darlehen hat von Stark nicht Hirsch, sondern Mair erhalten, die Verpflichtungen aus dem Darlehensvertrag (§ 607 I) treffen sonach Hirsch nicht. Hirsch war vielmehr nur als Vermittler tätig geworden. Daraus, daß Hirsch den Darlehensgeber Stark über den wahren Sachverhalt nicht aufklärte, kann er nicht in Anspruch genommen werden. Insbesondere scheidet auch Haftung aus § 826 mangels Nachweises des Schädigungsvorsatzes aus.

4. Der **Darlehensempfänger Mair** ist gem. § 607 I zur Zurückgabe des Darlehensbetrages von 6000 RM. an den Darlehensgeber Stark verpflichtet; er hat ferner Zinsen zu entrichten. Wenn an Stelle der ursprünglich vereinbarten doppelten Bankzinsen nur die üblichen Bankzinsen verlangt werden, so ist das nicht zu beanstanden.

Das Darlehen ist nicht als sittenwidrig bzw. wucherisch (§ 138) zu erachten. Zwar läßt sich Stark das Darlehen zum doppelten Bankzins verzinsen; daß er jedoch unter Ausbeutung der Notlage, des Leichtsinns oder der Unerfahrenheit des Mair gehandelt hat, kann nicht bewiesen werden. Mair ist ein sehr gewandter, mit allen Wassern gewaschener Geschäftsmann, der sich gar nicht übervorteilen ließe (§ 138 II). Die höheren Zinsen hat er bei der Kalkulation der Rentabilität seiner Schmugglergeschäfte bereits mitberücksichtigt.

Zu welchem Zweck das Darlehen von Mair begehrt wurde, war dem Stark nicht bekannt; aus diesem Grunde scheidet Nichtigkeit des ganzen Rechtsgeschäftes nach § 138 I aus.

Staatsprüfung 1931, I. 1.

Rechtsgutachten

des

Rechtsanwalts Jung in Hochkirch.

I. Die Rechtslage auf Grund des Vertrages vom 1. Oktober 1928 (= Vertrag I).

1. Bezüglich der **Rechtsnatur des Vertrages I** ist **im allgemeinen** folgendes zu bemerken: Vertrag I, von den Parteien unrichtigerweise als „Pachtvertrag" bezeichnet, ist als Geschäftsbesorgungsvertrag im Sinne des § 675, bezielend die Verpachtung des ganzen Baugeländes des Beck und Einkassierung der eingehenden Pachtgelder, zu erachten. Ast ist Bevollmächtigter des Beck (§§ 166, 167); das Entgelt für seine Tätigkeit liegt in der in § 3 des Vertrages näher geregelten Provision.

Die von Ast übernommene Verpflichtung, den Pachtzins an Beck zu zahlen, gleichviel, ob er selbst den Pachtzins erhält oder nicht, ist eine sog. kumulative Schuldübernahme. Grundsätzlich ist Schuldner des an Beck aus den vom bevollmächtigten Vertreter abgeschlossenen Pachtverträgen zu zahlenden Pachtzinses (§ 164) der jeweilige Pächter. Weder an Stelle des Schuldners (Schuldübernahme nach § 414) noch nach dem Schuldner (Bürgschaft: § 765), sondern neben dem Schuldner soll Ast für die anfallenden Pachtzinsbeträge haften. Die Verbindlichkeit des ursprünglichen Schuldners bleibt bestehen; zwischen Ast und dem jeweiligen Pächter entsteht hinsichtlich der Verpflichtung zur Zahlung des Pachtzinses ein Gesamtschuldverhältnis, aus welchem der Gläubiger nach Belieben sich den ihm zahlungsfähiger erscheinenden Schuldner auswählen kann: § 421 (Staud. Einl. vor §§ 414 ff. Anm. 2b).

2. Die **Anlagen auf Teilfläche Nr. 1.**, ausgeführt von Ast, erfahren eine einheitliche rechtliche Beurteilung:

a) Der Ziergarten, ebenso wie
b) der Gemüsegarten
sind samt den mit Grund und Boden verbundenen Pflanzen ohne weiteres (§§ 94 I, 946) Eigentum des Grundstückseigentümers Beck.

c) Das von Ast errichtete Blockhaus (= Blockhaus I), das mit dem Grund und Boden fest verbunden ist, ist als wesentlicher Bestandteil des Grundstücks (§ 94) in das Eigentum des Beck übergegangen. Ein Scheinbestandteil (§ 95) liegt hier, im Gegensatz zu dem von Claus errichteten Blockhaus (= Blockhaus II) **nicht** vor, weil die Absicht des Ast von Anfang an dahin ging, das ein für alle Male errichtete Wochenendhaus samt zugehörigem Garten und Wiesengrund an geeignete Liebhaber gegen Entgelt zum Gebrauch zu überlassen.

Die von Ast für Blockhaus I beschaffte Einrichtung ist Zubehör (§ 97) und steht nicht im Eigentum des Grundstückseigentümers, vielmehr verbleibt sie infolge Eigentumsvorbehaltes bis zu der bis jetzt noch nicht erfolgten völligen Zahlung des Kaufpreises Eigentum des Lieferanten Danner.

3. a) Der **Vertrag mit Claus,** abgeschlossen im Mai 1929 von Ast namens des Beck mit Wirksamkeit vom 1. Juni 1929 über Teilfläche Nr. 1 (= Vertrag II), stellt sich dar als Mietvertrag (§§ 535ff.). Zwar bezieht sich Vertrag II neben der Überlassung des Blockhauses I auch auf Überlassung des Ziergartens und vor allem des Früchte tragenden Nutzgartens; trotzdem ist in solchem Falle nicht an einen kombinierten Miet- und Pachtvertrag zu denken. Maßgebend ist vielmehr, was nach dem Willen der Parteien als **Hauptsache** zu gelten hat (Staud. § 581 Anm. I 3a und § 535 Anm. B I 3a): das Blockhaus als Wochenendheim erscheint gegenüber dem Nutzungsrecht am Gemüsegarten als die Hauptsache. Die Miete des Häuschens hat als der wesentliche Vertragszweck zu gelten und gibt demnach den Ausschlag, ob die Vorschriften über Miete oder Pacht anzuwenden sind. Auch aus dem Umstand, daß die Instandhaltung der beiden Gärten von Beck übernommen wurde und daß Claus aus dem Gemüsegarten nur seinen Hausbedarf decken darf, ist zu entnehmen, daß an eine Verpachtung der Gartenanlagen nicht gedacht war; jeden-

falls soll das Benützungsrecht an den Gärten nur eine **untergeordnete Rolle** spielen.

Vertrag II ist rechtswirksam zwischen Claus und Beck auf die Dauer von zwei Jahren geschlossen (§§ 164, 535), insbesondere ist der Formvorschrift des § 566 (schriftlicher Vertragsabschluß) genügt. Dem Vermieter steht gem. § 535 Satz 2 gegen den Mieter der Anspruch auf Zahlung des jährlichen Mietzinses in Höhe von 800 RM. zu.

Im Hinblick auf § 564 I kann seitens des Vermieters erst **nach Ablauf** der vereinbarten Mietdauer **von 2 Jahren** Räumung der Teilfläche Nr. 1 verlangt werden. Die Forderung sofortiger Räumung ist unberechtigt, selbst wenn der Vermieter Gelegenheit haben sollte, die fragliche Teilfläche besser verwerten zu können. Claus kann mit Recht die Anerkennung seines „Pacht"-, d. h. Mietvertrages, ferner seines Eigentums an dem von ihm errichteten Blockhaus II samt Einrichtung von Holl, Ast und Beck verlangen.

b) Das von Claus auf eigene Kosten errichtete Blockhaus II ist nicht Bestandteil des Grundstücks im Sinne des § 94 geworden. Wenn man auch annehmen kann, daß die Verbindung des Blockhauses mit dem Grund und Boden massiver Natur (z. B. steinerner Sockel) ist, so ist doch die **Verbindung** als **nur vorübergehend** gedacht zu erachten (§ 95). Claus beabsichtigte selbstverständlich nur, für die Dauer des abgeschlossenen Mietvertrages das Blockhaus II für seinen eigenen Gebrauch als Wochenendhaus zu errichten und es nach Ablauf der Vertragsdauer unter Hinterlassung bzw. Entfernung der massiven Fundamente auf Teilfläche Nr. 1 auf einem seinerzeit neu zu pachtenden bzw. zu mietenden Grundstücke aufzustellen. Bei der **leichten Bauart** von Wochenendhäusern ist eine derartige Transportmöglichkeit jederzeit gegeben (Staud. § 95 Anm. 3a).

Eigentümer des Blockhauses II ist Claus.

Daß die von Claus für Blockhaus II aus eigenen Mitteln beschaffte Einrichtung sein Eigentum ist und bleibt, bedarf nach Sachlage keiner weiteren Begründung.

Nicht anzukommen hat es auf den Umstand, daß Claus das Blockhaus II zwar im Einverständnis des Ast, aber ohne

Vorwissen des Beck errichtet hatte. Als Mieter steht ihm das Recht zu einem dem Mietvertrag entsprechenden Gebrauch der Mietsache zu; mit der Aufstellung eines Blockhauses wird dieses Recht nicht mißbraucht.

II. Die Rechtslage auf Grund des Vertrages vom 25. März 1930 (= Vertrag III).

1. Bezüglich der **Rechtsnatur des Vertrages III** ist **im allgemeinen** folgendes zu bemerken: Vertrag III ist nicht eine Ergänzung zu Vertrag I, er hebt vielmehr den Vertrag I auf und ersetzt ihn durch eine neugetroffene Regelung. Ast tritt bezüglich der Restfläche von 10,50 Hektar als Pächter im eigenen Namen auf (§§ 581 ff.). Da das Grundstück seitens des Eigentümers dem Ast zur beliebigen Nutzung, also auch zum Genusse der Früchte — wozu auch die sog. bürgerlichen Früchte im Sinne des § 99 gehören — überlassen wurde, kann das bestehende Rechtsverhältnis **nicht** als Mietvertrag beurteilt werden (Staud. § 535 Anm. B I 3 a α und β). Die Formvorschrift der §§ 581, 566 (schriftlicher Vertragsabschluß) ist beachtet.

2. Die **Teilfläche Nr. 2** wurde zulässigerweise in einen Sportplatz umgewandelt: Vertrag III Ziff. 2.

a) Das Eigentum an den Zuschauertribünen steht dem Ast zu. Da die Tribünen nur vorübergehend mit Grund und Boden verbunden worden sind, gelten sie nicht als wesentliche Bestandteile des Grundstücks: §§ 94, 95. Auch wenn das eingegangene Pachtverhältnis zunächst 5 Jahre dauern soll, kann trotzdem eine auf die Dauer berechnete und beabsichtigte Verbindung nicht angenommen werden (Staud. § 95 Anm. 3a).

b) Das Motorradrennen vom 1. Juni 1930.

aa) Der von Ast mit dem Motorsportklub Bavaria in Felden e. V. (= M. B.) betreffs Überlassung des Sportplatzes abgeschlossene Vertrag ist nicht als Gesellschaftsvertrag im Sinne der §§ 705 ff. zu erachten; es handelt sich vielmehr um ein sog. **partiarisches Geschäft,** d. h. um einen Vertrag, durch den jemand einem andern eine gewisse Leistung verspricht gegen einen Anteil an dem Gewinn, den der andere erzielt. Die zwei Vertragsgegner vereinigen sich in solchem Falle nicht beide zu gemeinschaftlichem Erwerb und Gewinn, sondern der eine macht den Erwerb und Gewinn für sich allein und tauscht nur einen Teil des Erwerbes und Gewinnes gegen die Leistungen des andern aus (Enneccerus, Lehrbuch des Bürgerlichen Rechts, 15./17. Auflage, Bd. I, 2 § 395, I 2 b).

Trotz der Bestimmung, daß der Platz gegen „die Hälfte der Reineinnahme, die der Verein aus den von ihm erhobenen Eintritts- und Nenngeldern nach Abzug aller Unkosten erzielen werde“, überlassen wird, handelt es sich — das Rechtsverhältnis ist lediglich nach seiner besonderen Natur zu beurteilen — um einen Mietvertrag im Sinne der §§ 535 ff.

bb) Für die lediglich auf das Verschulden des Rennfahrers Ecker zurückzuführende **Verletzung des Flock** ist Ecker haftbar. Daß die von Ecker getätigte Fahrweise ein grobfahrlässiges Handeln sowohl im Sinne des § 823 I als auch des § 823 II mit § 230 RStGB. darstellt, bedarf keiner ausführlichen Begründung: als langjähriger Motorradfahrer mußte er mit der Möglichkeit rechnen, daß durch ein Umsehen bei den ungeheuren Geschwindigkeiten, die gelegentlich der Austragung von Motorradrennen, besonders in den letzten Runden gefahren werden, schwerwiegende Unfälle des Fahrers, der übrigen Teilnehmer und der Zuschauer herbeigeführt werden können; die Zuschauer sind vor allem um deswillen in besonderem Maße gefährdet, weil sie sich in unmittelbarer Nähe der Rennstrecke befinden und von dieser nur durch Holzplanken getrennt sind.

Gegen Ecker kann Flock auf Grund der Vorschriften über unerlaubte Handlung Ersatz der Heilungskosten als Schadenersatz (§§ 823, 249), ferner die Zahlung eines angemessenen Schmerzensgeldes (§ 847) verlangen. Ob das geforderte Schmerzensgeld im Betrage von 1000 RM. angemessen erscheint, ist Tatfrage. Für die Höhe der angefallenen Heilungskosten (500 RM.) ist Flock beweispflichtig.

Die Haftung des Ecker kann, auch ohne daß Verschulden nachgewiesen werden müßte, auf § 7 I des Kraftfahrzeuggesetzes vom 3. Mai 1909 (RGBl. S. 437) gestützt werden; ein Haftungsausschließungsgrund im Sinne des Absatz II der angezogenen Vorschrift liegt nicht vor.

Mitwirkendes Verschulden des Verletzten (§ 254) scheidet nach Sachlage aus. Wenn Flock auch an dem mit Gefahren verbundenen Motorradrennen als Zuschauer beteiligt war, so hat er trotzdem nicht durch eigenes schuldhaftes Verhalten, d. h. durch Außerachtlassung der Vorsicht sich selbst gegenüber, den ihm zugestoßenen Unfall verursacht (Staud. § 254 Anmerk. 1, 2).

cc) Gegen Ast, der lediglich als Vermieter des Sportplatzes in Erscheinung tritt, kann Flock keinerlei Ansprüche erheben; insbesondere läßt sich diesem ein zum Schadenersatz verpflichtendes eigenes oder zu vertretendes fremdes Verschulden bei Anlage der Rennstrecke nicht nachweisen. Die im Interesse der Zuschauer errichteten Holzplanken sind üblich und als genügende Sicherung zu erachten; ein größerer Zwischenraum zwischen Rennstrecke und Zuschauertribüne, der zwar die Gefahren für das Publikum wesentlich vermindern würde, erweist sich nicht als zweckentsprechend, da in diesem Falle die Beobachtungsmöglichkeiten, insbesondere für die nicht erhöht befindlichen Inhaber der unteren Plätze, bedeutend verringert werden würden.

dd) Aus den gleichen Gründen wie den Ast kann Flock auch den Grundstückseigentümer Beck nicht haftbar machen; dieser ist ja an der ganzen Angelegenheit noch weniger beteiligt wie der Vermieter Ast. Ob der in Ziff. 2 des Vertrages III getroffene Haftungsausschluß Dritten gegenüber Wirksamkeit hat, braucht nach Sachlage nicht geprüft zu werden.

ee) Als Veranstalter des Motorradrennens hat der M. V. den Zuschauern gegen Entgelt die Möglichkeit gegeben, das zur Durchführung gelangende Rennen zu beobachten, ohne daß er jedoch irgendwelche weitergehende Haftungen übernehmen wollte (Staud. Vorbem. vor § 631 Anm. III 3b: Schaustellungsvertrag als Sondervertrag).

Eine Haftung des M. V. aus § 7 I des Kraftfahrzeuggesetzes vom 3. Mai 1909 hat auszuscheiden, da dieser nach Sachlage nicht als „Halter" im Sinne der genannten Vorschrift zu erachten ist. Halter des den Unfall verursachenden Kraftrades ist dessen Eigentümer, der Schlossergehilfe Ecker.

Die am Rennen teilnehmenden Fahrer sind auch nicht als Personen zu erachten, deren sich der M. B. zur Erfüllung seiner Verbindlichkeiten (§ 278) bzw. zur Ausführung von Verrichtungen (§ 831) bedient.

Ansprüche des Flock gegen den M. B. sind in keiner Weise begründet.

c) Das Pferderennen vom 6. Juli 1930.

Veranstalter ist Ast, der den Zuschauern gegen Zahlung der Eintrittsgebühr von 1 RM. die Beobachtung des Rennens gestattet.

aa) Der erste Lauf.

α) Das Rennpferd „Castor" wurde leihweise (§§ 598ff.), das Rennpferd „Pollux" mietweise (§§ 535ff.) von Ast dem Beck zur Verfügung gestellt.

Der vereinbarte Mietpreis ist zur Entrichtung fällig für die Überlassung des Gebrauchs der vermieteten Sache während der vereinbarten Mietzeit.

Das auf Grund der Rennbedingungen für die Teilnahme der genannten Pferde am Rennen zu begleichende Nennungsgeld ist verfallen, sobald das genannte Pferd am Laufe teilnimmt; hält das genannte Pferd das Rennen nicht durch, gleichgültig aus welchem Grunde, so verbleibt trotzdem das Nennungsgeld dem Veranstalter. Diese Regelung gilt grundsätzlich sowohl für die von Beck genannten Pferde „Castor" und „Pollux" als auch für das von Claus genannte Pferd „Ariadne".

β) Als Veranstalter des Pferderennens ist Ast für den einwandfreien Zustand der Rennbahn verantwortlich; es muß als grobe Fahrlässigkeit bezeichnet werden, daß die Bahn nicht am Tage des Rennens selbst, sondern letztmals am Vortage geprüft worden war. Nach dem auf Grund der Rennbedingungen zwischen dem Veranstalter Ast und den Teilnehmern Beck und Claus zustande gekommenen Vertrag durften die Teilnehmer mit der Überlassung einer **den Zwecken des Rennens entsprechenden Rennbahn** rechnen; dieser von ihm übernommenen Verpflichtung ist Ast schuldhafterweise nicht nachgekommen. Es begründet für seine Haftung keinen Unterschied, ob es sich um eigenes Verschulden (§ 276) oder um Verschulden seiner Gehilfen handelt, für das er ebenfalls wie für eigenes Verschulden einzutreten hat (§ 278).

γ) Der gemäß § 249 zu ersetzende Schaden umfaßt zunächst die Summe von 3000 RM. für Verlust des Pferdes „Ariadne"; Claus als Eigentümer kann, da der Unfall seines Pferdes auf den durch die Unebenheit der Rennbahn zurückzuführenden Sturz des Rennpferdes „Castor" zurückzuführen ist, diesen Anspruch mit Recht erheben. Beck und Claus können ferner die für die Pferde „Castor" und „Ariadne" gezahlten Nennungsgelder in Höhe von je 100 RM. als Schadenersatz vergütet verlangen. Für die Bezahlung des Nennungsgeldes soll eine bis zum Ende des Rennens andauernde Gewinnchance geboten werden; wird diese Gewinnchance durch einen Umstand, den der Veranstalter des Rennens zu vertreten hat, **vorzeitig vernichtet,** so muß der Teilnehmer an dem Rennen so gestellt werden, als ob dieser Umstand nicht eingetreten wäre: Grundsatz der Naturalrestitution (§ 249). Dies wird im vorliegenden Fall durch volle Rückgewähr der für „Castor" und „Ariadne" gezahlten Nennungsgelder erreicht.

δ) Der Unfall des Rennpferdes „Pollux" ist auf das Verhalten des Reiters, den Beck aus der Reihe der bewährten Reitjungen des Ast gegen eine angemessene Vergütung entnommen hatte, zurückzuführen; trotz des Sturzes des „Castor" hätte sich nach Sachlage der Unfall des „Pollux" vermeiden lassen, wenn der Reiter seine Blicke auf die Rennbahn gerichtet hätte. Durch dieses fahrlässige Verhalten des Reitjungen ist der an sich gegebene ursächliche Zusammenhang als unterbrochen anzusehen.

ε) Für den Unfall des Pferdes „Pollux" kann Beck Schadenersatzansprüche gegen Ast nicht erheben. Daß sich Beck für das gemietete Rennpferd eines Zureiters des Ast bedienen mußte, war eine Selbstverständlichkeit; unter anderen Bedingungen hätte Ast das Pferd wahrscheinlich auch gar nicht zur Verfügung gestellt. Der betreffende Reitjunge, der weiterhin im Dienstverhältnis des Ast verblieb, wurde **nur für das eine Rennen** zur Dienstleistung abgestellt, ohne daß ein Dienstverhältnis zwischen ihm und Beck begründet worden wäre. Nach Sachlage handelt es sich um einen in Verbindung mit einem Mietvertrag auftretenden Dienstverschaffungsvertrag (Staud. § 613 Anm. II 5; § 535 Anm. B I 3d vorl. Absatz), bei dem im allgemeinen keine Haftung des Verpflichteten (Vermieters) für Verschulden des Gehilfen nach § 278 bei den einzelnen Dienstleistungen besteht.

Auch aus dem Gesichtspunkt des § 831 kann Ast nicht herangezogen werden, da Ast bei dem bewährten Zureiter jederzeit den Exkulpationsbeweis nach Satz 2 a. a. O. führen kann. Es entfallen sohin die Ansprüche des Beck auf Ersatz des Nennungsgeldes von 100 RM. und der Gebühr von 100 RM., wobei es dahingestellt bleiben mag, ob der für Miete des Pferdes gezahlte Betrag überhaupt als Schadenersatz geltend gemacht werden kann.

ζ) Irgendein Anspruch des Claus gegen den Grundstückseigentümer Beck, der nicht Veranstalter des Pferderennens ist, kommt nicht in Frage: Beck hat mit der ganzen Angelegenheit, die lediglich seinen Pächter Ast angeht, gar nichts zu tun.

η) Schadenersatzansprüche des Ast gegenüber Beck wegen Verlustes der Pferde „Castor" und „Pollux" bestehen nicht.

Hinsichtlich des Rennpferdes „Castor" scheidet eine Haftung des Beck schon um deswillen aus, weil den eingetretenen Unfall Ast selbst zu vertreten hat. Beck ist zwar grundsätzlich bezüglich des Pferdes „Pollux" als Mieter gem. § 556 I zur Rückgabe verpflichtet. Aus dem hinsichtlich des Zureiters zwischen Ast und Beck abgeschlossenen Dienstverschaffungsvertrag bestehen jedoch irgendwelche weitergehende vertragliche Beziehungen zwischen Beck und dem Reitjungen außer der Verpflichtung des Reitjungen zur Dienstleistung nicht (Staud. § 613 Anm. II 5); der Reitjunge kann demnach auch nicht als Gehilfe im Sinne des § 278 erachtet werden. Die Gefahr des Unterganges trägt, soweit sie nicht vom Mieter verschuldet wurde, der Vermieter: § 275.

Der Anspruch des Ast auf Ersatz des durch den Sturz des Pferdes „Pollux" entstandenen Schadens ist demnach ebenfalls nicht berechtigt.

bb) Der zweite Lauf.

Bei dem am 2. Juli 1929 zwischen Ast und Beck über das Rennpferd „Caligula" abgeschlossenen Kaufvertrag wurde seitens des Verkäufers eine wesentliche Eigenschaft im Sinne des § 459 II zugesichert. Wenn auch die Tatsache, daß das Pferd tribünenscheu ist, erst gelegentlich des Rennens vom 6. Juli 1930 bekannt wurde, so ist doch als sicher anzunehmen, daß es bereits zur Zeit des Überganges der Gefahr (§ 446) mit diesem Fehler behaftet war.

Grundsätzlich kann in solchem Falle der Käufer die in § 462 vorgesehenen Gewährleistungsansprüche der Wandelung und Minderung (Berechnung der Minderung nach § 472) durch Erklärung gegenüber dem Verkäufer geltend machen (§ 465). Statt dieser Gewährleistungsansprüche kann, falls der verkauften Sache eine zugesicherte Eigenschaft zur Zeit des Kaufes fehlt, Schadenersatz wegen Nichterfüllung verlangt werden (§ 463). Ausgeschlossen ist jedenfalls die Erklärung der Minderung **neben** der Forderung des Schadenersatzes wegen Nichterfüllung.

Vorliegenden Falles bestehen jedoch irgendwelche Ansprüche des Beck aus dem Kaufvertrag nicht mehr, da gem. § 477 bereits Verjährung eingetreten ist. Daß der Verkäufer Ast den Mangel arglistig verschwiegen hätte, läßt sich nicht nachweisen (Staud. § 477 Anm. 5 Abs. 1).

Mängelhaftung nach der auf Grund des § 482 ergangenen Kaiserlichen Verordnung vom 27. März 1899 (RGBl. 1899 S. 219—220) scheidet nach Sachlage von vorneherein aus.

Auf ungerechtfertigte Bereicherung (§§ 812 ff.) kann Beck seinen Anspruch auf Rückzahlung der Summe von 2500 RM. nicht stützen, da nach der Rechtsprechung kein Herausgabeanspruch zugunsten desjenigen besteht, der durch eingetretene Verjährung einen Rechtsverlust erleidet (Staud. § 812 Anm. I 4 b γ).

d) Das Fußballspiel vom 3. August 1930.

aa) Der zwischen Ast und dem Fußballklub Felden e. V. (= F. F.) abgeschlossene Vertrag ist ein Mietvertrag (§§ 535 ff.), nach welchem Ast gegen Entrichtung des vereinbarten Mietzinses in Höhe von 1000 RM. zur Überlassung seines Sportplatzes für die Austragung des zwischen dem F. F. und dem Fußballklub Dorfen e. V. (= F. D.) vereinbarten Freundschaftsspiels verpflichtet ist. Veranstalter ist der F. F.

bb) Als Vermieter ist Ast gem. § 536 verpflichtet, die Mietsache in einem zum vertragsmäßigen Gebrauch geeigneten Zustand zu übergeben; dieser seiner Pflicht hat jedoch Ast nach Sachlage nicht genügt. Der Sportplatz, der eine sehr unebene Stelle aufweist, ist für die Austragung von Wettspielen, insbesondere von Fußballspielen, in diesem Zustand ungeeignet. Bei der Anlage des Platzes mußte Ast auf möglichst ebene Flächengestaltung sein Augenmerk richten; er mußte sich ohne weiteres sagen, daß bei dem bewegten Kampf um den Ball Unebenheiten im Gelände leicht Stürze und Unfälle mannigfacher Art herbeiführen können. Dies hat er unterlassen. Die Rechte des Mieters bestimmen sich in solchem Fall aus §§ 536, 537.

Jedem Dritten gegenüber aber, mit dem er nicht in einem Vertragsverhältnis steht, macht sich Ast für eingetretene Verletzungen nach § 823 haftbar. Das Verhalten des Ast bei Anlage und Unterhaltung des Sportplatzes muß als grobfahrlässig bezeichnet werden. Die dem Groß zugestoßene Verletzung ist auf das schuldhafte Verhalten des Ast zurückzuführen.

Der von Ast an Groß zu leistende Schadenersatz umfaßt die verauslagten Heilungskosten in Höhe von 200 RM. (§ 249 Satz 2) sowie ein angemessenes Schmerzensgeld (§ 847).

cc) Zwischen dem F. F. und dem F. D. bestand ein sog. Gefälligkeitsverhältnis (Staud. Einleitung vor § 241 Anm. I 8a, Einleitung vor § 433 Anm. 2f), bei welchem der einladende F. F. seinen Gästen gegenüber keine weiteren vertragsmäßigen Verpflichtungen übernehmen wollte. Allein anerkannten Rechtes haftet auch der Gefälligkeitsschuldner für grobe Fahrlässigkeit nach Analogie der §§ 521, 599, 690 (Staud. Einleitung vor § 433 Anm. 2f).

Die dem F. F. zur Last fallende grobe Fahrlässigkeit ist darin zu erblicken, daß er es unterließ, vor Beginn des Wettspieles den gemieteten, ihm nicht näher bekannten Sportplatz auf seine Tauglichkeit zu prüfen.

Außer der aus analoger Gesetzesanwendung herzuleitenden vertraglichen Haftung besteht für den F. F. auch Haftung aus unerlaubter Handlung: § 823. Verantwortlich ist für den eingetragenen Verein der Vorstand: § 31.

Groß kann demnach auch vom F. F. Ersatz der Heilungskosten (§ 249 Satz 2) und Zahlung eines angemessenen Schmerzensgeldes (§ 847) verlangen, wobei gem. § 840 Ast und der F. F. bzw. dessen Vorstand als Gesamtschuldner haften (§ 421).

dd) Der F. D., dem Groß seinen Anspruch auf Ersatz der Heilungskosten zulässigerweise abgetreten hat (§ 398), kann diesen Anspruch auch gegenüber den beiden Gesamtschuldnern geltend machen.

Der Anspruch auf Zahlung des Schmerzensgeldes ist gem. § 847 Satz 2 nicht übertragbar; insoweit steht dem F. D. eine Forderung gegen die an sich Verpflichteten nicht zu.

ee) Der Anspruch des F. D. auf Ersatz des Wertes des entgangenen Pokales in Höhe von 100 RM. ist gegenüber den Inanspruchgenommenen unbegründet.

α) Ast steht mit dem F. D. in keinerlei vertraglichem Verhältnis: eine Haftung aus § 276 bzw. § 278 scheidet aus. Auch auf § 823 kann ein Anspruch nicht gestützt werden, da diese Bestimmung nur die sog. Lebensgüter, nicht aber das Vermögen umfaßt.

β) Aus dem bestehenden Gefälligkeitsverhältnis den Gastgeber F. F. für das Nichtgewinnen des Wettspieles durch die Gäste haftbar zu machen, verstößt gegen die Grundsätze von Treu und Glauben (§ 242); es bedeutet ein wenig vornehmes und ein unsportliches Verhalten, wenn der eingeladene F. D. von seinem Freundschaftsverband F. F. den nicht gewonnenen Pokal sich bezahlen lassen will!

Bei dieser Sachlage mag es unentschieden bleiben, ob der Kausalzusammenhang überhaupt gegeben ist. Jedenfalls liegt außer einer gewissen Wahrscheinlichkeit kein sicherer Nachweis dafür vor, daß Groß den Ball ins Spiel zurückgeschlagen hätte und daß das Spiel vor einem vielleicht doch noch möglichen Torschuß des F. F. rechtzeitig abgepfiffen worden wäre.

γ) Aus dem gleichen Grunde wie bei Ast kommt auch für den F. F. bezüglich des Pokales eine Haftung aus § 823 nicht in Frage.

3. Die **Teilfläche Nr. 3** war ebenfalls zulässigerweise mit den im folgenden einzeln zu besprechenden Gebäulichkeiten versehen worden.

a) Bezüglich der Eigentumsverhältnisse an den errichteten Bauten gilt folgendes:

aa) Der Rennstall ist infolge der festen Verbindung mit Grund und Boden (§ 94) und der auf die Dauer berechneten Aufstellung (§ 95) als wesentlicher Bestandteil der Teilfläche Nr. 3 zu betrachten. Eigentümer dieses Gebäudes ist demnach der Grundstückseigentümer Beck: § 946.

Die im Rennstall stehenden Rennpferde bleiben Eigentum des Ast; ein Grund, der einen Eigentumsübergang auf den Eigentümer des Grundstücks und damit auch des Rennstalles rechtfertigen würde, ist nicht ersichtlich.

bb) Dieselben Eigentumsverhältnisse wie für den Rennstall gelten auch für die Gaststätte, die ebenfalls auf die Dauer errichtet und mit Grund und Boden fest verbunden wurde: §§ 94, 95. Eigentümer des Restaurants ist der Grundstückseigentümer Beck: § 946. Das in die Gaststätte eingebrachte Inventar hat als Zubehör (§ 97) zu gelten; Eigentümer des Inventars ist Ast.

cc) Die Einstellhalle für Kraftwagen, Motorräder und Fahrräder ist mit Grund und Boden fest verbunden. Da diese Halle im engsten Zusammenhang mit den Wirtschaftslokalitäten steht, ist ohne weiteres anzunehmen, daß die Halle für die Dauer errichtet werden sollte; damit hat sie als wesentlicher Bestandteil des Grundstücks zu gelten (§§ 94, 95) und steht auch im Eigentum des Beck: § 946.

b) Die Vorgänge vom 6. Juli 1930 lösen eine Reihe von Haftungsverpflichtungen aus.

aa) Der Schaden des Beck.

Durch das Einstellen des Kraftwagens in der Einstellhalle war zwischen Beck und Ast ein Verwahrungsvertrag zustande gekommen (§ 688); die Verwahrung erfolgte unentgeltlich. Gem. §§ 690, 278 hat Ast bei dem Verschulden des von ihm aufgestellten Hausmeisters einzustehen für die Sorgfalt, welche er selbst **in eigenen Angelegenheiten** anzuwenden pflegt. Nach Sachlage muß wohl verlangt werden, daß bei stattfindenden größeren Veranstaltungen, die der breitesten Öffentlichkeit zugänglich gemacht werden, eine Einstellhalle, wenn sich die mit der Obhut betraute Aufsichtsperson entfernt und die weitere

Beobachtung der Gebäulichkeiten nicht durchführen kann, zum mindesten abgesperrt wird. Daß die Burschen die Türe der Einstellhalle allenfalls mittels Nachschlüssels hätten öffnen können, ist belanglos; jedenfalls war ihnen durch die Nachlässigkeit des Hausmeisters ihre Arbeit noch wesentlich erleichtert und weniger gefahrvoll gestaltet worden.

Beck kann von Ast mit Recht für die Beschädigung seines Kraftwagens durch die unermittelt gebliebenen Schwarzfahrer Schadenersatz in Höhe der entstandenen Reparaturkosten (200 RM.) verlangen: §§ 690, 278, 249.

Haftung des Ast aus § 701 scheidet aus, da Beck nicht als Gast **zur Beherbergung** in den Betrieb des Ast aufgenommen worden war (Staud. § 701 Anm. III 2).

bb) Der Schaden des Claus.

Ast, der Fremde gewerbsmäßig zur Beherbergung aufnimmt, ist Gastwirt i. S. des § 701 (Staud. § 701 Anm. II 2).

Claus war in diesem Gastwirtschaftsbetrieb als Gast abgestiegen und als solcher zur Beherbergung aufgenommen worden: dies letztere ist zu schließen aus dem Umstande, daß er ein Fremdenzimmer, wenn auch nur zur Abhaltung eines Mittagsschläfchens, gegen Zahlung des Preises von 2 RM. gemietet und die nicht benötigte Garderobe dem Zimmermädchen (Stellvertreter oder Gehilfe des Gastwirts) zur Aufbewahrung übergeben hatte (Staud. § 701 Anm. III 1 und 2).

Ast hat nach § 701 für die eingebrachten Sachen des Claus die Haftung zu übernehmen. Daß sich Claus vorübergehend zwecks Besichtigung des Pferderennens aus der Gastwirtschaft entfernt hatte, ist belanglos; es kommt nur darauf an, daß die eingebrachten Sachen des Gastes in der Gastwirtschaft oder den dazu gehörigen Räumen geblieben sind (Staud. § 701 Anm. III 4c).

α) Der eigene Wagen des Claus, der in der Boxe eingestellt worden war, unterlag auf Grund des abgeschlossenen Mietvertrages (§§ 535ff.) der Beaufsichtigung des Ast und dessen Angestellten nicht; Claus hatte ja auch den Schlüssel zur Boxe ausgehändigt erhalten. Die Haftung des Ast für die Beschädigung des Wagens gründet sich **nur** auf § 701; ein Ausschluß der Haftung infolge Eintritts höherer Gewalt greift nicht

Platz, da Diebstahl nicht als höhere Gewalt im Sinne der angezogenen Bestimmung zu erachten ist (Staud. § 701 Anm. VI 2 c).

β) Über den einen von Claus gemieteten Kraftwagen, der in der Einstellhalle des Ast gegen Zahlung einer Gebühr von 2 RM. hinterstellt wurde, war ein Verwahrungsvertrag abgeschlossen worden: §§ 688ff.

Ast hat für das seinen Hausmeister treffende Verschulden (Nichtabsperren der Halle, unbefugtes Weggehen und Unterlassung jeglicher Beaufsichtigung) aus § 278 einzutreten. Dies um so mehr, nachdem es sich hier im Gegensatz zu dem mit Beck abgeschlossenen Verwahrungsvertrag (siehe oben II 3b aa) um einen entgeltlichen Verwahrungsvertrag handelt.

Gleichzeitig ist die Haftung des Ast aus § 701 begründet, wobei es unerheblich ist, ob die eingebrachten Sachen Eigentum des Gastes sind oder nicht (Staud. § 701 Anm. III 4 b, II 1 b). Da Beck für den eingetretenen Verlust dem Eigentümer des Kraftwagens haftbar ist, kann er von Ast Befreiung von dieser Verbindlichkeit verlangen.

Darauf, daß der Kraftwagen von den Schwarzfahrern nicht in Diebstahlsabsicht entwendet worden war und erst im Laufe der Nacht infolge unzweckmäßiger Hinterstellung durch Diebstahl von dritter Seite endgültig zu Verlust gegangen ist, hat es nicht anzukommen; durch die unberechtigte Entfernung des Kraftwagens aus der Halle war die Vorbedingung für den endgültig eingetretenen Verlust geschaffen worden.

γ) Der zweite auf dem vor dem Restaurant befindlichen, als solchen kenntlich gemachten Parkplatz hinterstellte, von Claus gleichfalls gemietete Kraftwagen hat ebenfalls als eingebrachte Sache im Sinne des § 701 zu gelten, da er sich an einem vom Gastwirt bzw. dessen Stellvertreter angewiesenen Ort befand. Auch für den Verlust dieses Wagens hat Ast demnach gem. § 701 aus den gleichen Gründen wie bezüglich des ersten Mietwagens Claus gegenüber aufzukommen.

Haftung aus Verwahrungsvertrag scheidet aus, da nicht anzunehmen ist, daß Ast durch seinen Hausmeister auch über die auf dem Parkplatz hinterstellten Kraftwagen eine Aufsicht ausüben lassen wollte.

δ) Der für eingetretene Verluste seitens des Gastwirts zu leistende Schadenersatz bemißt sich nach § 249.

Claus kann zunächst für die beiden abhanden gekommenen Kraftwagen im Werte von je 4000 RM. Schadenersatz in Höhe von 8000 RM. und für den beschädigten Kraftwagen Schadenersatz in Höhe von 200 RM. fordern. Ersetzt werden müssen aber auch die vermeidbaren Ausgaben, die durch die Übernachtungen in der Gaststätte des Ast dem Claus entstanden sind; wären die Kraftwagen nicht entwendet worden, so hätte noch am gleichen Tage die Rückfahrt angetreten werden können. Ersatz der Übernachtungsgelder in Höhe von 50 RM. ist sohin ebenfalls zu leisten.

III. **Die Rechtslage auf Grund des Vertrages vom 2. Januar 1931** (= Vertrag IV).

1. Bei rechtsgültigem Abschluß eines derartigen, im Wirtschaftsleben sehr oft vorkommenden Vertrages sind die übereigneten Gegenstände nicht endgültig aus dem Vermögen des Treugebers ausgeschieden; es handelt sich vielmehr um eine Eigentumsübertragung, die nicht einen Vermögenszuwachs für den Empfänger bezweckt, sondern lediglich im Interesse des Treugebers und dessen Gläubiger vorgenommen wird. Vermöge des der Eigentumsübertragung zugrunde liegenden Auftrages ist der Treuhänder verpflichtet, über die veräußerten Gegenstände nicht wie über eigenes Vermögen zu verfügen, sondern sie zur Gläubigerbefriedigung zu verwerten. Das Treugut ist rechtlich, nicht aber wirtschaftlich aus dem Vermögen des Treugebers ausgeschieden: sog. **uneigennützige Treuhand.** Gem. § 419 haftet der Treuhänder den Gläubigern des Schuldners unmittelbar (Staud. § 419 Anm. I 2).

Erforderlich ist jedoch zum rechtsgültigen Abschluß des Treuhandvertrages die gerichtliche oder notarielle Beurkundung: § 311. Da dieser Formvorschrift durch Ast und Holl nicht genügt ist — es handelt sich um einen privatschriftlichen Vertrag — gilt Vertrag IV als nichtig (§ 125).

Holl ist demnach in keinerlei persönliche Beziehungen zu den Gläubigern des Ast getreten; rechtswirksamer Übergang von Vermögensstücken auf ihn hat nicht stattgefunden. Er kann nur als beauftragter Stellvertreter des Ast tätig werden, ohne seinerseits im eigenen Namen Erklärungen abgeben zu können. Der Treuhandvertrag bindet die Gläubiger des Ast in keiner Weise.

2. Bezüglich des **Anspruchs** des Beck **auf vorzugsweise Befriedigung** auf Grund seines „Verpächterpfandrechts" gilt folgendes:

a) Soweit die von Ast errichteten Gebäulichkeiten als wesentliche Bestandteile des Grundstücks in das Eigentum des Beck übergegangen sind (Blockhaus I, Rennstall, Kraftwageneinstellhalle, Gaststätte), muß Beck gem. §§ 946, 951 Wertausgleich in Geld leisten. Insoweit entfällt auch die Geltendmachung des Verpächterpfandrechtes (§§ 581, 559); es liegt ja Eigentum des Beck selbst vor.

b) Die Einrichtung von Blockhaus I steht im Eigentum des Danner; insoweit handelt es sich überhaupt nicht um eingebrachte Sachen des Mieters.

c) Blockhaus II samt Einrichtung, im Eigentum des Claus stehend, werden vom Pfandrecht nicht betroffen, weil Claus mit Zahlungen aus seinem Mietvertrag (Vertrag II) nicht im Rückstand ist.

d) **aa)** Soweit es sich um ein eingebrachtes Eigentum des Ast handelt, kann Beck sein Verpächterpfandrecht gem. §§ 581, 559 geltend machen; dies ist jedoch nur möglich für Forderungen aus Vertrag III — denn nur dieser ist ein Pachtvertrag —, bezüglich der Teilflächen Nr. 2 und Nr. 3: Pachtzinsrückstand für 1. April 1930 bis 1. April 1931 in Höhe von 10000 RM. Soweit Ansprüche aus Vertrag I seitens des Beck geltend gemacht werden (nichtabgelieferter Zinsrest für Teilfläche Nr. 1 in Höhe von 550 RM. und Pachtzinsausfall), handelt es sich nicht um Forderungen aus dem Pachtvertrag; damit entfällt das Verpächterpfandrecht ohne weiters.

bb) Als eingebrachte Sachen (Staud. § 559 Anm. IV 1 a) gelten die Zuschauertribünen, die drei Rennpferde und das Inventar des Restaurants und Fremdenheims; gleichgültig ist, ob die fraglichen Gegenstände bereits bei Beginn des Pachtverhältnisses eingebracht wurden oder ob dies erst nachträglich erfolgte (Staud. § 559 Anm. IV 1 b).

Ausnahmen vom gesetzlichen Pfandrecht infolge bestehender Unpfändbarkeit (§ 811 ZPO.) liegen **nicht** vor (§ 559 Satz 3), insbesondere nicht bezüglich des Inventars des Restaurants und Fremdenheims, da Zimmervermieter, Inhaber von Herbergen usw. nicht unter § 811 Ziff. 5 ZPO. fallen; bei diesen Persönlichkeiten ist die Ausnutzung der sachlichen Betriebsmittel die Hauptsache, während die persönliche Tätigkeit nur eine wirtschaftlich untergeordnete Rolle spielt (Stein-J. § 811 Anm. IV 5a). Wenn auch bei Schankwirten der tatsächlich bestehende Geschäftsbetrieb entscheidet (Stein-J. a. a. O.), so handelt es sich doch um ein einheitliches Unternehmen, für welches als Ganzes nach den angeführten Rechtsgrundsätzen die Anwendbarkeit des § 811 Ziff. 5 ZPO. entfällt. (Diese der Rechtsprechung folgende Ansicht ist allerdings bestritten).

Auf Grund des bestehenden Verpächterpfandrechts kann Beck sohin an den letztbezeichneten Gegenständen seine Befugnisse geltend machen durch

α) Zurückbehaltung: § 561 I, § 229,

β) Verfolgung fortgeschaffter Sachen: § 561 II,

γ) Befriedigung aus jenen Sachen, soweit solche zur Deckung der Forderungen notwendig ist: §§ 1228, 1233—1241, 1257.

gez. Jung,
Rechtsanwalt.

Staatsprüfung 1932, I. 9.

Proz.Reg. Nr. A . . . /1932.

Gegenwärtig:
Landgerichtsdirektor Streng als Vorsitzender, Landgerichtsrat Klug und Landgerichtsrat Scharf als beisitzende Richter, Justizobersekretär Schnell als Urkundsbeamter der Geschäftsstelle.

Protokoll

aufgenommen in öffentlicher Sitzung des Landgerichts Hochkirch — Zivilkammer — am 8. April 1932.

In Sachen

Ach Max, Gastwirt in Felden, und Alt Ida, geb. Ach, Geschäftsführerin in Hochkirch, Kläger und Widerbeklagte, vertreten durch Rechtsanwalt Wolf in Hochkirch

gegen

Beck Fritz, Großmetzger und Bierbrauereibesitzer in Hochkirch, Beklagter und Widerkläger, vertreten durch Rechtsanwalt Fuchs in Hochkirch

wegen Löschungsbewilligung u. a. erschien bei Aufruf der Sache niemand.

Es wurde das diesem Protokoll beigefügte Urteil durch Verlesung der Urteilsformel verkündet.

L. S. gez. Streng.

gez. Schnell.

Die Zivilkammer des Landgerichts Hochkirch, gebildet aus dem Landgerichtsdirektor Streng als Vorsitzenden sowie den Langerichtsräten Klug und Scharf als beisitzenden Richtern, erläßt auf Grund der mündlichen Verhandlung vom 1. April 1932

in Sachen

Ach Max, Gastwirt in Felden, und
Alt Ida, geb. Ach, Geschäftsführerin in Hochkirch, Kläger und Widerbeklagte, vertreten durch Rechtsanwalt Wolf in Hochkirch

gegen

Beck Fritz, Großmetzger und Bierbrauereibesitzer in Hochkirch, Beklagter und Widerkläger, vertreten durch Rechtsanwalt Fuchs in Hochkirch

wegen Löschungsbewilligung u. a.

folgendes

Endurteil.

I. Die Klage der Geschäftsführerin Ida Alt in Hochkirch wird abgewiesen.

II. Der Beklagte hat in die Löschung des für ihn im Grundbuch des Amtsgerichts Hochkirch auf dem Anwesen Haus Nr. 20 in Hochkirch eingetragenen Verkaufsrechtes zu willigen.

III. Im übrigen wird die Klage des Gastwirts Max Ach in Felden abgewiesen.

IV. Die Widerklage wird abgewiesen.

V. Vollstreckbarkeit.

VI. Kosten.

Tatbestand

ist erlassen. Als solcher gilt die Aufgabe.

Im übrigen wird auf den Akteninhalt und die gewechselten Schriftsätze Bezug genommen.

Gründe.

I.

1. Als **berechtigt zur Erhebung der Klage** auf Einwilligung in die Löschung des für den Beklagten im Grundbuch des Amtsgerichts Hochkirch auf dem Anwesen Haus Nr. 20 in Hochkirch eingetragenen Vorkaufsrechtes und der für den Beklagten ebenda eingetragenen Vormerkung zur Sicherung des Anspruchs auf Rückübertragung des Eigentums an dem bezeichneten Grundstücke ist allein der Grundstückseigentümer des fraglichen Anwesens, der Kläger Max Ach, zu erachten.

Seine Schwester Ida Alt, geb. Ach, ist lediglich als Geschäftsführerin tätig. Irgendwelche Ansprüche gegen den Beklagten stehen ihr nicht zu, so daß sie als zur Klage gegen Beck nicht berechtigt zu gelten hat.

Auch ohne daß es eines besonderen Einwandes des Beklagten bedurft hätte, wäre das Gericht zu einer Verneinung der **Sachlegitimation** der Klägerin Ida Alt und damit insoweit zu einer Klagsabweisung in vollem Umfange gekommen.

2. Das im notariellen Vertrag vom 2. Januar 1924 — Urkunde des Notariats Hochkirch G.R. Nr. 1 — (§ 313) gelegentlich des Verkaufes des Gastwirtschaftsanwesens Haus Nr. 20 „Zur Fischerliesl" in Hochkirch an die Gastwirtseheleute Johann und Maria Pfeil zugunsten des Verkäufers Fritz Beck bestellte „vererbliche und veräußerliche **dingliche Vorkaufsrecht** für alle innerhalb der Zeit von 10 Jahren ab Vertragsabschluß vorkommenden Verkaufsfälle" (§§ 1094ff., 1097, 1098 mit 514) wurde unzulässigerweise mit vorher festgesetztem Kaufpreis (§§ 1098 mit 505 II) errichtet; limitiertes dingliches Vorkaufsrecht ist jedoch aus wirtschaftlichen Erwägungen grundsätzlich nicht zugelassen (Staud. Vorbem. vor §§ 1094—1104 Anm. I a; § 1094 Anm. 2 b).

Es läßt sich nun zwar unter Umständen die Vereinbarung eines einzutragenden dinglichen Vorkaufsrechtes mit festem Preis gem. § 140 **umdeuten** in die Vereinbarung eines durch Bestellung einer Auflassungsvormerkung zu sichernden schuldrechtlichen (§§ 504—514) Vorkaufsrechtes (Staud. § 1094

Anm. 2b). Das schuldrechtliche Vorkaufsrecht selbst mit Festsetzung eines von vornherein fixierten Kaufpreises ist infolge des auf dem Gebiete des Schuldrechtes geltenden Grundsatzes der Vertragsfreiheit als zulässig zu erachten (Staud. § 505 Anm. 3a) und kann rechtswirksam durch eine Vormerkung gesichert werden; es handelt sich ja um einen bedingten Anspruch auf Einräumung des Eigentums an einem Grundstück, zu dessen Sicherung gem. § 883 eine Vormerkung in das Grundbuch eingetragen werden kann (RGZ. Bd. 67 S. 48; Bd. 69 S. 282; Bd. 72 S. 392; ferner Staud. § 883 Anm. II B 1 a).

Der Schluß, daß aus der Unzulässigkeit der Eintragung eines limitierten dinglichen Vorkaufsrechtes auch die Unzulässigkeit der Vormerkung zur Sicherung eines schuldrechtlichen Vorkaufsrechtes dieser Art zu folgern sei, ist nicht richtig. Denn zwischen beiden Arten von Rechten besteht eine Reihe von Unterschieden, von denen hier hauptsächlich der eine ins Gewicht fällt, daß das dingliche Vorkaufsrecht im Gegensatz zum schuldrechtlichen nicht nur als subjektiv dingliches Recht (§ 1094 II), sondern auch für mehrere Fälle des Verkaufes bestellt werden kann (§ 1097): RGZ. Bd. 104 S. 122 ff.

Trotz der in Entwicklung dieser rechtlichen Gesichtspunkte gegebenen Möglichkeiten ist vorliegenden Falles eine Umdeutung nach § 140 nicht möglich, da eine Feststellung dahingehend nicht getroffen werden kann, daß die Parteien bei Kenntnis der Nichtigkeit der das dingliche Vorkaufsrecht betreffenden Abrede ein durch Vormerkung zu sicherndes schuldrechtliches Vorkaufsrecht vereinbart haben würden (RGZ. Bd. 104 S. 124).

Nach Sachlage muß daher Löschung der ganzen Eintragung erfolgen.

Bei der Eintragung dieses Vorkaufsrechtes handelt es sich nicht um eine **unzulässige Eintragung**, die gem. § 54 I Satz 2 der Grundbuchordnung von Amts wegen zu löschen ist; das geht schon daraus hervor, daß nach Umdeutung gem. § 140 der Eintrag im Grundbuch bestehen bleiben könnte, was bei einer absolut unzulässigen Eintragung jedoch niemals der Fall sein darf. Die Löschung von Amts wegen nach § 54 I

Satz 2 GBO. ist eine so einschneidende Maßnahme, daß sie sich wegen bestehender Unklarheiten nur dann rechtfertigen läßt, wo diese auf andere Weise nicht beseitigt werden können. Ist dagegen die Möglichkeit der Auslegung bzw. Umdeutung anzuerkennen, wodurch der Zweifel gelöst werden kann, so besteht keine inhaltliche Unzulässigkeit, die zur Löschung von Amts wegen nötigt. In solchen Fällen muß es vielmehr den Beteiligten überlassen bleiben, die Richtigstellung gem. § 22 GBO. im Prozeßweg zu erreichen (RGZ. Bd. 113 S. 231). Erst bei Durchführung des Rechtsstreites läßt sich vorliegendenfalls klären und feststellen, daß eine Umdeutung nach § 140 nicht möglich und daß daher das Vorkaufsrecht zu Unrecht eingetragen ist.

Der Beklagte ist sohin zur Abgabe der für die Löschung dieses Vorkaufsrechtes erforderlichen Löschungsbewilligung verpflichtet, weshalb entsprechend dem Antrag des Klägers zu entscheiden war.

3. a) Die Bestimmungen bezüglich des Bierbezuges, näher niedergelegt im privatschriftlichen **Bierlieferungsvertrag vom 2. Januar 1924,** sind als wesentlicher Bestandteil des Veräußerungsvertrages zu erachten und es bedarf daher die insoweit getroffene Vereinbarung, um nicht Richtigkeit des ganzen Vertrages herbeizuführen, ebenfalls der Beachtung der Formvorschrift des § 313.

Zwar könnte der Umstand, daß bei Nichterfüllung der besonderen Vereinbarungen in erster Linie eine Entschädigungspflicht des Erwerbers begründet sein soll, für die Annahme sprechen, daß es sich bei diesen Vereinbarungen um ein vom Hauptgeschäft unabhängiges selbständiges Rechtsgeschäft handelt (Bayer. Oberstes Landesgericht, Entscheidungen in Zivilsachen Bd. 7 S. 479); es ist jedoch aus der unter Ziff. IX des notariellen Vertrages vom 2. Januar 1924 gewählten Formulierung zu entnehmen, daß Wirtschaftsverkauf und Bierbezug derart miteinander verknüpft sein sollten, daß im Falle der Einstellung des Bierbezuges dem Verkäufer das Rücktrittsrecht vom Kaufvertrag zustehen solle. Unter dem Formzwang des § 313 steht nicht bloß der einzelne auf Eigentumsübertragung gerichtete Bestandteil des Vertrages, sondern der

Vertrag, d. h. **alle Vereinbarungen,** aus welchen sich nach dem Willen der Beteiligten der obligatorische Veräußerungsvertrag zusammensetzen soll (RGZ. Bd. 64 S. 40).

Der Bierlieferungsvertrag vom 2. Januar 1924 wurde zwischen Beck und den Eheleuten Pfeil privatschriftlich abgeschlossen. Trotzdem kann nach Sachlage Nichtigkeit des Veräußerungsvertrages nicht angenommen werden. Denn im notariellen Vertrage vom gleichen Tage war unter Bezugnahme auf den außeramtlich abgeschlossenen Bierlieferungsvertrag das Rücktrittsrecht bei Verstoß gegen die Vereinbarungen und gegen die Bestimmungen des Bierlieferungsvertrages vorbehalten worden; das ist als genügend anzusehen, wenn es auch wünschenswert gewesen wäre, daß im notariellen Vertrage vom 2. Januar 1924 die einzelnen Bestimmungen der Bierlieferungsvereinbarung, insbesondere die Geltungsdauer der Vereinbarung usw. kurz angegeben gewesen wären.

An der Gültigkeit des ganzen Veräußerungsvertrages vom 2. Januar 1924 bestehen sohin keinerlei Zweifel.

b) Bei Erklärung des Rücktritts, die als auflösende Bedingung zu erachten ist, soll der Käufer bzw. Rechtsnachfolger zur Rückübertragung des Eigentums verpflichtet sein; ein Rückfall des Eigentums ohne weiteres an den Verkäufer tritt nicht ein. Es handelt sich sohin um einen obligatorischen Anspruch, zu dessen Sicherung zulässigerweise die unter Ziff. IX des notariellen Vertrages vom 2. Januar 1924 vorgesehene **Vormerkung** (§ 883) vereinbart und im Grundbuch eingetragen werden kann; denn auch zur Sicherung eines bedingten Anspruchs ist die Eintragung einer Vormerkung möglich (Staud. § 883 Anm. II A c; II B 5c).

c) Der **am 1. April 1926** zwischen Claus und dem Beklagten Beck privatschriftlich **abgeschlossene Bierlieferungsvertrag** änderte zwar den Bierlieferungsvertrag vom 2. Januar 1924 in einigen Punkten (Bezugspreis, Abrechnungsmodus, Höhe der Gesamtstrafe) ab. Wenn nun auch in dem letztgenannten Vertrag ausdrücklich von einer Aufhebung des Bierlieferungsvertrages vom 2. Januar 1924 die Rede ist, so liegt doch eine solche Aufhebung der Wirkung nach **nicht** vor, da die wesentlichen Bedingungen (Verpflichtung, den gesamten Bedarf an Bier bis zum 1. Oktober 1944 von Beck zu beziehen; Veranlassung des Neuerwerbers zum Eintritt in den laufenden Bierlieferungsvertrag) **die gleichen** geblieben sind.

Für diese Änderung war Beachtung der Formvorschrift des § 313 nicht erforderlich. Der notarielle Vertrag vom 2. Januar 1924 war längstens grundbuchamtlich vollzogen, eine Verpflichtung zur Übertragung des Eigentums kommt nicht mehr in Frage. Soweit in diesem Zeitpunkt der sonstige Inhalt des Veräußerungsvertrages, hier die Bestimmungen über Bierbezug, geändert werden sollen, braucht § 313 nicht mehr beobachtet zu werden (Staud. § 313 Anm. A II 2).

Trotz Abschluß des neuen Bierlieferungsvertrages vom 1. April 1926 war die Bestimmung unter Ziff. IX des notariellen Vertrages vom 2. Januar 1924, die ja die einzelnen Bestimmungen des Bierlieferungsvertrages vom gleichen Tag gar nicht enthält, nicht außer Kraft gesetzt worden. Die Vormerkung hat infolge Ersetzung des ursprünglichen Bierlieferungsvertrages durch den neuen Vertrag vom 1. April 1926 nicht ihre Grundlage verloren, sie ist nicht gegenstandslos geworden. Bei Ziff. IX des notariellen Vertrages vom 2. Januar 1924 handelt es sich vielmehr um den Schutz des ganzen Bierlieferungsverhältnisses, nicht der Spezialbestimmungen eines einzelnen Bierlieferungsvertrages. Bei Änderung einiger unwesentlicher Punkte, die mehr kaufmännischer Art sind, blieb doch die ganze Struktur des in den notariellen Vertrag aufgenommenen und durch Rücktrittsrecht und Vormerkung gesicherten Vertragskomplexes in vollem Umfang aufrecht erhalten.

d) Wenn der Kläger Max Ach nach rechtsgültigem Erwerb des fraglichen Anwesens den Eintritt in den laufenden Bierlieferungsvertrag ablehnt und trotz mehrmaliger Aufforderung, den Vertrag anzuerkennen, auf dieser ablehnenden Stellungnahme beharrt, so steht dem Beklagten Beck ein Zwangsmittel gegen Ach nicht zu. Keinesfalls ist bei einem derartigen Verhalten die Möglichkeit des Rücktritts gegeben, da dieser die tatsächliche Einstellung des Bierbezugs zur Voraussetzung hat. Den zwischen den beiden Parteien bestehenden, stillschweigend begründeten Zustand des Bierbezugs kann der Kläger jederzeit aufheben, ohne daß er vom Beklagten auf Erfüllung oder Schadenersatz verklagt werden könnte.

Wird allerdings der Bierbezug eingestellt, so ist die Voraussetzung zur Erklärung des Rücktritts vom Kaufvertrag für Beck gegeben.

Da das Rücktrittsrecht als noch bestehend anerkannt werden muß, besteht die zur Sicherung des obligatorischen Anspruchs auf Rückübertragung des Eigentums am Anwesen bestellte Vormerkung zu Recht. Das **Klagebegehren,** gerichtet auf **Einwilligung zur Löschung dieser Vormerkung,** ist unbegründet; die Klage war daher insoweit abzuweisen.

4. Ein vom Vertreter des Beklagten hinsichtlich der Klagsansprüche geltendgemachtes **Zurückbehaltungsrecht** (§ 273) kann nicht Platz greifen. Wenn das allgemeine Zurückbehaltungsrecht auch gegenüber dinglichen Ansprüchen geltendgemacht werden kann (RGZ. Bd. 114 S. 266; Bd. 115 S. 46), so ist doch Voraussetzung, daß es sich um einen fälligen Gegenanspruch aus demselben rechtlichen Verhältnis handelt. Die in der Widerklage geltend gemachten Verpflichtungen des Klägers stehen zwar — ohne daß zu ihnen jetzt schon näher Stellung genommen werden soll — in einem losen wirtschaftlichen, keinesfalls aber in einem rechtlichen Zusammenhang zu den in der Klage verfolgten Ansprüchen. Es ist ferner nicht als gegen Treu und Glauben verstoßend anzusehen, wenn der Kläger die Einwilligung zur Löschung einer unrichtigen Grundbucheintragung begehrt, auch wenn er seinerseits auf Grund bestehender Geschäftsbeziehungen dem Beklagten zu Leistungen irgendwelcher Art verpflichtet sein sollte (Staud. § 273 Anm. I 1a).

II.

1. **Im allgemeinen** ist zu den **Widerklageanträgen** folgendes zu bemerken:

a) Die Feststellungswiderklage bezüglich der Verträge vom 2. Dezember 1927 und 22. Dezember 1930 ist unzulässig, da ein rechtliches Interesse an der alsbaldigen Feststellung des Nichtbestehens dieser Verträge nicht besteht.

In dem auf Räumung des Pachtanwesens und Zahlung des Pachtzinses samt Gewinnanteil anhängigen Rechtsstreit wird zur Frage der Gültigkeit des Pachtvertrages vom 2. Dezember 1927 Stellung genommen; ebenso wird bei Prüfung der Frage der Rückgewähr der Einlage von 10000 RM. über die Gültigkeit des Einlagevertrags vom 22. Dezember 1930 entschieden werden (Stein-J. § 256 Anm. III 5).

Insoweit ist daher Klagsabweisung geboten.

b) Soweit die Feststellungswiderklage den Vertrag vom 15. März 1927 betrifft, ist sie als zulässig zu erachten, auch wenn die Entscheidung dieser Frage auf dem Umweg über Gültigkeit der Erbteilsverträge vom 1. Oktober 1927 (Klage auf Rückgewähr des hinsichtlich dieser letzteren Verträge Geleisteten) gelöst werden könnte.

c) Soweit Widerklage auf Leistung und Räumung erhoben wird, ist Entscheidung in der Sache geboten.

Wenn der Vertreter der Widerbeklagten bezüglich der Räumungswiderklage die örtliche und sachliche **Unzuständigkeit** des angegangenen Landgerichts Hochkirch behauptet, so kann er damit nicht durchdringen. Zwar wird mit der Räumungswiderklage die Herausgabe des Grundstückes begehrt. Allein der ausschließliche **Gerichtsstand der belegenen Sache** (§ 24 ZPO.) greift nur Platz bei Klagen, durch welche das Eigentum geltend gemacht wird; dies ist jedoch nur dann der Fall, wenn es den Klagegegenstand in dem Sinne bildet, daß darüber rechtskräftig entschieden wird (Stein-J. § 322 Anm. V). Bei der Klage auf Herausgabe trifft das nach strenger Auslegung des Wortlauts des Gesetzes nicht zu (Andere Ansicht: Stein-J. § 24 Anm. III 1 und § 322 Anm. V).

Bei den Ansprüchen aus dem Pachtvertrag vom 2. Dezember 1927 handelt es sich nicht um Streitigkeiten im Sinne des § 23 Ziff. 2 GVG., für welche die Zuständigkeit des Amtsgerichtes gegeben wäre. Es muß als unrichtig bezeichnet werden, daß der fragliche Pachtvertrag auch Mietverhältnisse begründete; es handelt sich, wie später des näheren noch auszuführen sein wird, um ein einheitliches Pachtverhältnis.

d) Der **Gerichtsstand nach § 33 ZPO.** setzt einen Zusammenhang des widerklageweise geltend gemachten Gegenanspruchs mit dem Klageanspruch oder mit der Verteidigung dagegen voraus (Stein-J. § 33 Anm. V 1). Wenn der Widerkläger die Zuständigkeit mit dem wirtschaftlichen Zusammenhang des Widerklageantrags und den Einwendungen gegen die Klage begründet, so kann er mit diesem Vorbringen keinen Erfolg haben; denn Voraussetzung nach § 33 ZPO. ist ein rechtlicher Zusammenhang (Stein-J. § 33 Anm. V 1). Ein solcher liegt jedoch nicht vor, selbst wenn die im Pachtvertrag vom 2. Dezember 1927 unter Ziff. 5 getroffene Vereinbarung über den Fleischbezug auch für die Gaststätte in Hochkirch gilt.

Dadurch jedoch, daß die Kläger zwar zunächst unter Bezweiflung der Zuständigkeit des angegangenen Gerichts selbst bezüglich der den Gegenstand der Widerklage bildenden Rechtsfragen Klageanträge stellen und insoweit verhandeln, kann ein Verzicht auf das Erfordernis des Zusammenhanges (§ 295 ZPO.) bzw. eine stillschweigende Vereinbarung der Zuständigkeit — solche ist zulässig, weil ausschließliche Zuständigkeit nicht gegeben (§ 40 ZPO.) — angenommen werden (Stein-J. § 33 Anm. V 4; II).

2. **Die Feststellungswiderklage hinsichtlich des Vertrages vom 15. März 1927** veranlaßt auch die rechtliche Prüfung der Erbteilsverträge vom 1. Oktober 1927.

a) Der am 15. März 1927 zwischen Hans Ach und dem Widerkläger bezüglich der in den 3 größeren bereits eingerichteten Zimmern des Erdgeschosses und im ganzen ebenfalls mit Inventar versehenen 1. Stockwerk des Anwesens Haus Nr. 10 in Felden seit längerer Zeit schon betriebenen alten, vornehmen Wein- und Kaffeegaststätte „Zum Weißen Rößl" auf die Dauer von 10 Jahren (1. April 1927 bis 1. April 1937) schriftlich (§§ 581, 566) abgeschlossene Pachtvertrag (Staud. § 535 Anm. B I 3; § 581 Anm. I 3 b, I 1 b) war durch den Eintritt des Erbfalls — Tod des Hans Ach am 1. Juli 1927 — **nicht** berührt worden. Die als einzige Testamentserben (§§ 1922 ff., 1937, 2064 ff.) in Betracht kommenden Widerbeklagten werden Eigentümer des den Nachlaß bildenden Grundstücks zur gesamten Hand (§ 2032) — die dementsprechende Umschreibung im Grundbuch erfolgte am 16. August 1927 —; sie treten in den vom Erblasser her bestehenden Vertrag ein (§ 1967), ohne daß ihnen ein Kündigungsrecht zustehen würde (Staud. § 569 Anm. I 4).

b) α) Die beiden notariellen Verträge vom 1. Oktober 1927 (Urkunden des Notariats Hochkirch vom 1. Oktober 1927 G.R. Nr. 700 und Nr. 702) — grundbuchamtlich rechtswirksam vollzogen am 20. Oktober 1927 — stellen sich, soweit sie das Anwesen Haus Nr. 10 in Felden betreffen, als Verkaufsverträge über den Erbteil der Miterben Ida Alt und Max Ach (§§ 1922 II, 2371) dar. Durch den Abschluß der beiden Erbteilsverträge wurde der Pachtvertrag vom 15. März 1927 **gegenstandslos.** Unrichtig ist die Darlegung des Vertreters der Widerbeklagten, der Pachtvertrag vom 15. März 1927 sei durch Abschluß des neuen, später zu besprechenden Pachtvertrages vom 2. Dezember 1927 stillschweigend aufgehoben worden. Daß der ganze Nachlaß des Erblassers nur in einem Grundstück besteht, ist für die rechtliche Beurteilung des abgeschlossenen Verkaufsvertrages belanglos. Auch der Verkauf eines Erbteils, nicht nur der Erbschaftsverkauf, bedarf der notariellen Beurkundung. Soweit der Kaufpreis durch Übergabe von Grundstücken (Landhäuser „Zufriedenheit" und „Seeheim") ausgewiesen wird, liegt ein Grundstücksveräußerungsvertrag vor, der den gesetzlichen Vorschriften entspricht (§ 313) und infolgedessen rechtswirksam ist (§§ 873, 925).

In den gleichen notariellen Urkunden ist hinsichtlich der Erbteile jeweils mit dem obligatorischen Veräußerungsgeschäft (§§ 1922 II, 2371) die **dingliche Verfügung** (§ 2033) in einem einheitlichen Akte zulässigerweise verbunden und vollzogen (Staud. § 2033 Anm. 1b; § 2371 Anm. 1, 2); damit ist das Eigentum an dem Nachlaßgrundstück Haus Nr. 10 in Felden in rechtswirksamer Weise übertragen, ohne daß noch eine besondere weitere Auflassung erforderlich wäre (Staud. § 2033 Anm. 1b).

β) Ferner muß zwar beim Verkauf eines Erbteils das Vorkaufsrecht der Miterben (§ 2034) beachtet werden (Staud. § 2371 Anm. 1). Allein auf die hier tatsächlich vorliegende Nichtbeachtung dieses gesetzlichen Vorkaufsrechtes kann sich nicht der Käufer berufen; ein Anspruch daraus steht lediglich dem Miterben zu. Für die Behauptung des Vertreters des

Widerbeklagten, der Widerkläger habe durch die an den Tag gelegte Eile die Ausübung des Vorkaufsrechtes vereitelt und sohin arglistig bei Abschluß der Erbteilsverträge gehandelt, sind nach dem Beweisergebnis nicht genügend Anhaltspunkte vorhanden.

γ) Soweit sich der Widerkläger in der bei Abschluß der Erbteilsverträge gehegten Hoffnung, es würden außer dem Hause auch noch andere Nachlaßwerte zum Vorschein kommen, getäuscht sah, liegt ein unbeachtlicher, für eine Anfechtung nicht geeigneter **Irrtum im Beweggrunde** vor (Staud. § 119 Anm. VI).

δ) Auch die allerdings erst im März 1928 zutage getretenen und vom Widerkläger im Dezember 1931 aus eigenen Mitteln (§ 2382) beglichenen Schulden des Erblassers in Höhe von 10000 RM. berechtigen den Erbschaftskäufer nicht zur Anfechtung der Erbteilsverträge wegen Irrtums.

Der Käufer eines Erbteils ist ebenso wie der Erbschaftskäufer (Staud. § 2378 Anm. 1) im Innenverhältnis dem Verkäufer gegenüber zur Erfüllung der Nachlaßverbindlichkeiten verpflichtet: § 2378; ein Ausnahmefall nach § 2376 liegt nicht vor. Es soll nach dem im Gesetz aufgestellten Grundsatz das Verhältnis zwischen den Parteien so gestaltet werden, als sei der Käufer und nicht der Verkäufer Erbe geworden (Staud. § 2378 Anm. 1). Aus diesem Grunde kann von einer ungerechtfertigten Bereicherung der Widerbeklagten infolge Begleichung der Nachlaßverbindlichkeiten durch den Widerkläger und der Ausübung eines Zurückbehaltungsrechtes nicht die Rede sein.

Aber selbst wenn die Berichtigung der Nachlaßverbindlichkeiten die Widerbeklagten treffen würde, kommt Anfechtung wegen Irrtums nicht in Frage, da es sich bei den vorhandenen Schulden nicht um eine wesentliche Eigenschaft des Anwesens handelt. Möglicherweise kann das Vorhandensein weiterer Schulden als wesentliche Eigenschaft des Erbteils betrachtet werden; in diesem Falle hätte jedoch die Anfechtung unverzüglich (§ 121 I) nach Bekanntwerden des Anfechtungsgrundes erfolgen müssen. Die an sich zulässigerweise im Laufe des Prozesses dem Vertreter der Widerbeklagten und damit den Widerbeklagten selbst erklärte Anfechtung (Staud. § 121 Anm. 1) ist sohin verspätet und damit rechtsunwirksam.

Arglistige Täuschung und damit Anfechtungsmöglichkeit nach § 123 liegt nicht vor; es kann nicht behauptet und nachgewiesen werden, daß die Widerbeklagten dem Widerkläger absichtlich das Vorhandensein von Schulden verschwiegen haben; sie wußten es ja selbst nicht.

Bezüglich der Beschränkbarkeit der Haftung des Erbteilkäufers mag, ohne daß weitere Ausführungen veranlaßt wären, auf § 2383 hingewiesen werden.

ε) Der noch im Laufe des Jahres 1927 vom Widerkläger entdeckte Hausschwamm (Keller und Erdgeschoß) berechtigt, da bereits bei Vertragsabschluß vorhanden, den Käufer gem. § 119 II zur Anfechtung wegen Irrtums; allein der Widerkläger hat es unterlassen, unverzüglich (§ 121 I) anzufechten. Die erst im anhängigen Rechtsstreit erklärte Anfechtung ist sohin unbeachtlich.

Erkennt man, entgegen der vom Reichsgericht vertretenen Auffassung (Staud. § 119 Anm. III 4 zu 4 C a) die Möglichkeit der Geltendmachung von Gewährleistungsansprüchen **neben** der Anfechtung wegen Irrtums an, so ist trotzdem ein Wandelungsanspruch wegen erheblicher Mängel (§§ 459, 462) nicht gegeben. Der seit mehreren Jahren schon bestehende Hausschwamm ist als wesentlicher Mangel des Anwesens im Sinne der letztgenannten Vorschrift zu erachten. Er ist dem Widerkläger nicht infolge grober Fahrlässigkeit unbekannt geblieben (§ 460); wenn dieser auch einige Monate vor Erwerb des Anwesens einige Räume pachtweise innehatte, so konnte ihm der Mangel — er ließ ja die Wein- und Kaffeegaststätte „Zum weißen Rößl“ durch Max Ach als Geschäftsführer betreiben —, der erst bei Renovierung des Hauses zutage trat, in entschuldbarer Weise verborgen bleiben.

Allein gem. § 2376 II hat der Verkäufer einer Erbschaft oder eines Erbteils (§§ 1922 II, 2376 II) einen Fehler einer zur Erbschaft gehörigen Sache nicht zu vertreten (Staud. § 2376 Anm. 2a).

Die Geltendmachung eines Wandelungsanspruches ist demnach unbegründet, auch wenn der Widerkläger für die beiden von ihm selbst übertragenen Anwesen haftet; denn insoweit gelten die **allgemeinen** Bestimmungen; eine Berufung auf § 2376 II entfällt.

Als abwegig muß es allerdings bezeichnet werden, wenn der Vertreter der Widerbeklagten den Ausschluß der Gewährleistungsansprüche mit dem Vorliegen eines „Hoffnungskaufes" (Staud. § 433 Anm. I 1b) begründet.

ζ) Soweit nicht bereits verhandelt, ist, ohne daß es für die Entscheidung der Rechtsstreitigkeiten darauf anzukommen hat, zu einigen weiteren Ausführungen der Parteivertreter Stellung zu nehmen:

Maßgebender Zeitpunkt für den Beginn des Anfechtungsrechtes und Wandelungsanspruches ist die Kenntnis vom Anfechtungsgrunde (§ 121) bzw. die Übergabe des Grundstückes (§ 477 I). Auf die Zahlung der Nachlaßschulden durch den Widerkläger und den Zahlungsverzug der Widerbeklagten aus dem infolge Formmangels (§ 781) überdies nichtigen (§ 125) Schuldanerkenntnis vom 1. Juni 1928 hat es keinesfalls anzukommen.

In der Nichtgeltendmachung von Rechten und Ansprüchen innerhalb der gesetzlich vorgesehenen Fristen und der weiteren Aufrechterhaltung von geschäftlichen Beziehungen kann ein Verzicht auf die Geltendmachung erblickt werden; abwegig ist es, wenn der Vertreter des Widerklägers hiefür als „Bestätigung" notarielle Beurkundung verlangt (§ 144 II!).

Zur Zahlung der für die Beseitigung des Hausschwamms angefallenen Kosten in Höhe von 2000 RM. besteht für die Widerbeklagten keine Verpflichtung, weder in ihrer Eigenschaft als Erben (es handelt sich nicht um eine Nachlaßverbindlichkeit) noch als Erbteilsveräußerer (§ 2376 II) noch als Pächter (die Pflicht zur ordnungsgemäßen Unterhaltung des Anwesens trifft den Verpächter §§ 581, 536).

c) Die vom Vertreter des Widerklägers für die Ungültigkeit der Erbteilsverträge vorgebrachten Gründe sind sohin nicht stichhaltig. Wenn der Widerkläger nun die Ungültigkeit des Pachtvertrages vom 2. Dezember 1927 und des Einlagevertrages vom 22. Dezember 1930 mit der Ungültigkeit der Erbteilsverträge begründen will, so kann er damit nach Sachlage keinen Erfolg haben, wobei zugegeben werden muß, daß die beiden Erbteilsverträge die Grundlage bilden für alle im weiteren Verlauf der geschäftlichen Entwicklung getroffenen Vereinbarungen und rechtlichen Bindungen, also auch für den neuen Pachtvertrag und den Einlagevertrag.

Würden die Erbteilsverträge infolge Ungültigkeit ausscheiden, so kämen damit allerdings ohne weiteres die beiden letztgenannten Verträge in Wegfall, während der früher auf Grund des Pachtvertrages vom 15. März 1927 bestehende Rechtszustand wieder eintreten würde. Daran würde sich nichts ändern, wenn auch nur der eine der beiden Erbteilsverträge der Gültigkeit entbehren sollte: solchen Falles wäre Pächter des Anwesens Haus Nr. 10 in Felden der Widerkläger Beck, während als Verpächter die Erbengemeinschaft, an welcher Beck als Erbteilskäufer beteiligt ist, auftritt. Auch wenn der Widerkläger zu Unrecht jahrelang die Vorteile des Pachtvertrages vom 2. Dezember 1927 in Form von vereinnahmten Pachtzinsen genossen haben sollte, wird an der oben dargelegten Rechtslage nichts geändert. Im Falle der Nichtigkeit der Grundgeschäfte müßten die Parteien einander nach den Grundsätzen über ungerechtfertigte Bereicherung (§§ 812 ff.) zurückgewähren.

Den weiteren Ausführungen des Vertreters der Widerbeklagten, der im Falle erfolgreicher Anfechtung wegen Irrtums die Verträge vom 2. Dezember 1927 und 22. Dezember 1930 auf dem Umweg des Schadenersatzes (§ 122) infolge Naturalherstellung aufrecht erhalten wissen will, kann nicht beigetreten werden. Die grundsätzlich zu leistende Naturalherstellung (§ 249) wäre nicht möglich; ein auf nichtiger Grundlage beruhendes Rechtsgeschäft kann nicht im Wege der Naturalherstellung aufrecht erhalten werden.

3. a) Bei dem **am 2. Dezember 1927** über das Anwesen Haus Nr. 10 in Felden samt der darin befindlichen Wein- und Kaffeegaststätte „Zum weißen Rößl" zwischen Max Ach und Beck schriftlich (§§ 581, 566) auf die Dauer von 10 Jahren mit Beginn vom 1. Januar 1928 an **abgeschlossenen** Vertrag handelt es sich um einen **Pachtvertrag.** Zwar wurden von Beck nur die 3 Kaffeestuben im Erdgeschoß neu eingerichtet,

während nach Entfernung der dem Beck gehörigen Einrichtung die Ausstattung des ganzen 1. Stockwerkes dem Widerbeklagten Max Ach überlassen wurde. Auch wenn den Räumlichkeiten im 1. Stock die Einrichtung fehlte, so ist doch aus der gesamten Anlage der altbekannten Gaststätte zu schließen, daß aus dem überlassenen Betrieb bürgerliche Früchte im Sinne des § 99 gewonnen werden können. Diese Räume dienen, auch wenn nur teilweise eingerichtet, doch als **unmittelbare Quelle von Erträgnissen** (Staud. § 581 Anm. I 1 b, § 535 Anm. B I 3).

Der vom Pächter zu zahlende Pachtzins (§ 581 I) besteht in einer festbegrenzten Summe von jährlich 15000 RM. und einer Quote von 10% der von dem Pachtobjekt zu gewinnenden Früchte, d. h. der Reineinnahme; dies ist zulässig (Staud. § 581 Anm. III B 3c).

Ein Gesellschaftsverhältnis (§§ 705ff.) kommt nach Sachlage nicht in Betracht: der Gesellschaftsvertrag erfordert, daß die Gesellschafter sich gegenseitig verpflichten, die Erreichung eines **gemeinsamen** Zweckes zu fördern, während bei der Pacht der Pächter den Pachtgegenstand aus eigenen Kräften nutzt und der Verpächter nur einen Teil des **vom Pächter allein** erzielten Gewinnes erhält (Staud. § 581 Anm. I 4 b). Letzteres ist bei der Vereinbarung Beck—Ach der Fall; die Gegenleistung ist nach Absicht der Parteien wirklich als Pachtzins gemeint.

b) α) Der Widerbeklagte Max Ach hat nun trotz der inzwischen erfolgten Abrechnung für das Jahr 1931 den Pachtzins samt Gewinnanteil nicht bis zu dem vertragsmäßig festgelegten Zahlungstermin (15. Januar 1932) an den Widerkläger abgeführt; damit wäre gem. § 284 II ohne weiteres Schuldnerverzug eingetreten. Allein durch die am 16. Januar 1932 erfolgte Hingabe von 4 Wechselakzepten über je 5000 RM., fällig am 1. Mai, 1. Juni, 1. Juli und 1. August 1932, die sicherungshalber geschah, wurde dem Widerbeklagten Max Ach Stundung gewährt; der Gläubiger kann also, auch wenn die Hingabe der Wechsel nicht an Zahlungs Statt erfolgte, vor dem Verfalltag der Wechsel auch die ursprüngliche Forderung nicht geltend machen (Staud. § 364 Anm. II 1).

Die Wechsel waren ja bereits bei der Feldener Kreditbank diskontiert worden, so daß der Widerkläger auch schon in den Besitz einer seinen Forderungen entsprechenden Summe gelangt ist (Staud. § 433 Anm. I 1 n und V 2 b).

Die anfangs Februar 1932 vom Widerkläger erklärte, nach den Vorschriften des BGB., nicht den Vorschriften der Wechselordnung zu beurteilende Anfechtung des Wechselgeschäftes (Staub-Stranz, Wechselordnung, 11. Auflage, Art. 29 Anm. 2) ist unwirksam. Ein Irrtum im Sinne des § 119 II liegt nicht vor; dem Widerkläger waren die finanziellen Verhältnisse des Max Ach bereits aus den vorhergehenden Verhandlungen bekannt. Mit Rücksicht auf seine gespannten wirtschaftlichen Verhältnisse war ja dem Widerbeklagten Max Ach bereits Stundung gewährt worden. Wenn der Schuldner nun um Prolongation für 3 Monate ersucht, kann nicht die Rede davon sein, daß sich Beck bei Annahme der Wechsel und der damit verbundenen Gewährung der Stundung im Irrtum über die fortdauernde Zahlungssicherheit seines Schuldners befand.

Ein Regreß auf Sicherstellung **wegen Unsicherheit** des Akzeptanten, der vom Wechselinhaber gefordert werden könnte, greift nicht Platz, da Unsicherheit des Akzeptanten im Sinne des Art. 29 WO. nicht vorliegt.

Der Widerkläger kann sohin von Max Ach die Zahlung des Pachtzinses samt Gewinnanteil in Höhe von 16000 RM. nicht fordern, so daß insoweit die Widerklage abzuweisen war.

Unzulässig wäre es allerdings, wenn seitens des Max Ach gegen diese Forderung mit der von Beck aus dem Einlagevertrag geschuldeten Einlage aufgerechnet würde; denn Gläubiger dieser letzteren Leistung ist, wie später des Näheren auszuführen sein wird, die Kommanditgesellschaft Max Ach und Cie. (siehe unten II 4 e), während als Schuldner des Pachtzinses Max Ach in Betracht kommt. Aufrechnung ist sohin nicht möglich (§ 387).

β) Die von Ida Alt in rechtswirksamer Weise (§ 766) übernommene Solidarbürgschaft und Ausfallbürgschaft (Staud. § 765 Anm. 9) scheidet infolge der dem Hauptschuldner gewährten Stundung zunächst aus, wobei es gleichgültig zu bleiben hat, ob Ida Alt im Wechselverbande steht oder nicht.

Bei einer gestundeten, also zur Zeit noch nicht fälligen Hauptschuld kann auch der Bürge noch nicht in Anspruch genommen werden: §§ 767, 771.

Zu bemerken ist ferner, daß Ida Alt bei Fälligkeit der Schuld nur in Höhe von 10000 RM. gesamtschuldnerisch mit Max Ach aus ihrer Bürgschaft haften würde, während bezüglich des weiteren Betrages von 6000 RM. eine Verurteilung erst erfolgen könnte, wenn der Widerkläger einen Beweis dafür erbringt, daß und inwieweit er vom Hauptschuldner Befriedigung nicht erlangt habe (Staud. § 765 Anm. 9). Soweit es sich um Solidarbürgschaft (§ 773 I Ziff. 1) handelt, steht der Bürgin die Einrede der Vorausklage allerdings nicht zu (Staud. § 773 Anm. 1 a α).

c) Bei vorliegendem Zahlungsverzug besteht nicht ohne weiteres das Recht zum Rücktritt vom Vertrage; erforderlich wäre zunächst die Setzung einer Nachfrist mit der in § 326 vorgesehenen Erklärung.

Außerordentliche Kündigung nach §§ 581, 554 ist nicht möglich, da die Voraussetzungen hiefür (Pachtzinsrückstände für 2 aufeinander folgende Termine) nicht gegeben sind.

d) In der im Mai 1931 erfolgten Einrichtung von 2 weiteren Zimmern des Erdgeschosses zu Kaffeestuben — die 3 größeren Zimmer des Erdgeschosses dienten bereits seit langem diesem Zwecke — und in der Umwandlung des Hofraumes in einen Kaffeegarten liegt überhaupt keine Änderung, geschweige denn eine wesentliche **Änderung des Pachtgegenstandes.** Nach wie vor dienen die Räumlichkeiten des Erdgeschosses dem Betrieb der Kaffeegaststätte, während im 1. Stock die Weingaststätte unverändert weiter betrieben wird.

Eine andere Beurteilung erfährt dagegen die Einrichtung des letzten Zimmers im Erdgeschoß als **Kutscherzimmer,** in welchem Flaschenbier an die Wagenführer abgegeben wird. Das Etablissement sollte nach Ziff. 2 des Vertrages vom 2. Dezember 1927 als Wein- und Kaffeegaststätte betrieben werden. Die Anfügung eines Ausschankraumes für Bier ist der vornehmen Natur des Betriebes abträglich. Dagegen kann sich der Verpächter mit Recht wenden, auch wenn diese Einrichtung im Interesse der Wagenführer liegt und infolge der augenblicklichen Erhöhung des Umsatzes einige finanzielle Vorteile bringt. Möglich ist zwar, daß mit Rücksicht auf diese Neuerung mehr Fremde einkehren; wahrscheinlich wird aber auch das vornehme zahlungsfähigere Publikum, das nicht auf den Gängen mit Kutschern und Wagenführern zusammentreffen will, ausbleiben. Es besteht kein Zweifel, daß diese Neuerung als wesentliche **vertragswidrige Änderung** zu erachten ist (Staud. § 581 Anm. V 1; § 553 Anm. II 1; § 550 Anm. B II 2; § 536 Anm. B II), auch wenn keine bauliche Veränderung vorgenommen wurde; es liegt eben eine Änderung der ganzen Natur des Etablissements vor.

Voraussetzung für die Anwendbarkeit des außerordentlichen Kündigungsrechtes nach §§ 581, 553 ist jedoch eine vorherige fruchtlose Abmahnung des Vermieters. Eine solche ist hier nicht gegeben. Der Widerkläger war zwar mit den Änderungen des Pächters nicht einverstanden, unternahm jedoch dagegen keinerlei Maßnahmen (Staud. § 553 Anm. II 1 b; § 550 Anm. B I 3).

Zu einem **Bezug des Flaschenbiers** aus der Brauerei des Widerklägers bestand für den Pächter weder Verpflichtung noch Veranlassung, insbesondere schon wegen des Preises.

e) Wenn der Widerbeklagte dem seit längerer Zeit im 2. Stockwerk auf Ruf und Widerruf untergebrachten **Frauenverein vom Grünen Kreuz** entgegen der in Ziff. 3 des Vertrags vom 2. Dezember 1927 enthaltenen Verpflichtung am 1. April 1931 **kündigt** und die freiwerdenden Räumlichkeiten für seine eigenen Wohnzwecke benützt, so kann darin ein vertragswidriger Gebrauch der Pachtsache nicht erblickt werden.

Vermieter dem genannten Wohltätigkeitsverein gegenüber ist der Widerbeklagte Max Ach, der im Pachtvertrag vom 2. Dezember 1927 den zwischen Beck und dem Frauenverein vom Grünen Kreuz bestehenden Mietvertrag übernommen hat. Zur Kündigung ist Ach diesem Verein gegenüber berechtigt. Die von ihm getroffene Regelung läuft nicht den Zwecken des Pachtvertrages zuwider, besonders unter Berücksichtigung des Umstandes, daß das Mietverhältnis reibungslos gelöst wurde und daß der Verein der Gaststätte seine Kundschaft nicht entzogen hat.

Durch die vom Widerbeklagten Max Ach im ganzen vorgenommenen Änderungen wurde Platz zur Erweiterung und Vergrößerung des Betriebs geschaffen, wodurch wiederum eine auch im Interesse des Widerklägers liegende Erhöhung des Umsatzes eintrat.

Abgesehen davon hat der Widerkläger trotz Kenntnis dieses Umstandes vom Widerbeklagten Ach in der Folgezeit nicht Abhilfe verlangt, so daß das außerordentliche Kündigungsrecht nach §§ 581, 553 nicht Platz greifen kann.

f) Bei der unter Ziff. 5 des Pachtvertrages vom 2. Dezember 1927 getroffenen Vereinbarung handelt es sich um einen **Sukzessivlieferungsvertrag**, d. h. um einen einheitlichen Kaufvertrag über Lieferung von (in der Regel vertretbaren) der Gattung nach bestimmten Sachen, bei denen die Lieferung der Ware in zeitlich getrennten Raten erfolgen soll. Die Vertragschließenden sind zur Abnahme und Bezahlung unmittelbar verpflichtet (Staud. Einleitung vor § 145 Anm. 9; § 433 Anm. I 1 a).

Diese mit dem Pachtvertrag als solchem nur in losem wirtschaftlichem Zusammenhang stehende, im übrigen aber selbständige vertragliche Bindung ist als zulässig und rechtswirksam zu erachten; die Ware als solche ist bestimmt, die Menge — bei der einzelnen Bestellung — bestimmbar. Daß der Preis sich nicht auf Jahre hinaus festlegen läßt, ist selbstverständlich; den jeweiligen Preisschwankungen wurde durch Zugrundelegung des *täglichen Ladenpreises* Rechnung getragen.

Der Widerkläger hat sowohl durch die Lieferung **minderwertigen Fleisches** als auch durch jeweils **verspätete Lieferungen** seine Vertragsverpflichtung fortwährend verletzt.

Der Einwand des Widerklägers, es sei im Juni 1931 nur wenig erstklassiges Schlachtvieh auf den Markt gekommen, vermag ihn nicht zu entschuldigen. Die Unmöglichkeit der Erfüllung der einzelnen Teillieferungen begründet für den Käufer infolge der oftmaligen Wiederholungen die Unmöglichkeit, die weiteren Lieferungen als Vertragserfüllungen zu erachten. Da es sich hier, wie meistens bei Sukzessivlieferungsverträgen, um eine *Gattungsschuld* handelt, kann im Hinblick auf § 279 zufällige, nicht zu vertretende Unmöglichkeit im Sinne des § 323 **nur selten** eintreten. Beck wird — und das war nach Sachlage immerhin möglich — von seiner Verpflichtung, erstklassiges Mastochsen- und Kalbfleisch zu liefern, nicht frei. Auch wenn derartiges Schlachtvieh nur selten auf den Markt kam, vorhanden war es immerhin (Staud. § 323 Anm. I 3 b γ).

Daß das Fleisch unter der Hitze leidet, hat der Lieferant zu vertreten; bei entsprechender Behandlung hätte sich dies vermeiden lassen müssen. Insoweit liegen vertragswidrige Lieferungen vor, welche den Bezieher zum Rücktritt vom Vertrag berechtigten.

Noch mehr ist dies der Fall wegen der jedesmal verspätet erfolgenden Lieferungen. Wegen dieser Verspätungen war Max Ach zu Bestellungen bei anderen Metzgern genötigt. Da die vertragswidrigen Lieferungen, besonders unter Berücksichtigung der oftmaligen, keinen Erfolg zeitigenden Reklamationen, besorgen lassen, daß auch die künftigen Lieferungen nicht vertragsmäßig ausfallen werden, kann dem vertragstreuen Teil nicht zugemutet werden, sich weiter an diesen Lieferanten gebunden zu halten. Er muß berechtigt sein, sich sofort von dem bisherigen Lieferanten zu lösen, um sich eine neue Bezugsquelle zu sichern, deren er besonders **infolge Einsetzens der Fremdenzeit** zur Aufrechterhaltung seines Betriebes bedurfte. Der Vertragszweck ist solchen Falles erheblich gefährdet; nach Treu und Glauben (§ 242) kann dem vertragstreuen Teile die Fortsetzung des Vertragsverhältnisses nicht mehr zugemutet werden: § 325 (Staud. § 325 Anm. I 1 c β; Vorbem. vor §§ 275—282 Anm. C I 2).

Darauf, daß die Kraftwagenführer des Widerklägers entgegen den ihnen erteilten Weisungen trotz wiederholter Mahnungen die Lieferungen nicht pünktlich ausführten, kann sich dieser nicht berufen. Es mag keine Stellung dazu genommen werden, daß er als Arbeitgeber seinen Angestellten gegenüber seine Befehle nicht durchzusetzen verstand; jedenfalls aber hat er gem. § 278 für dieses Verschulden ebenso einzustehen wie für eigenes Verschulden.

Der Widerbeklagte Max Ach konnte, als ihm bei der am 30. Juni 1931 erfolgten Abrechnung bindende Versprechungen für einwandfreie und pünktliche Lieferung nicht gemacht wurden, sofort mit Wirkung vom 1. Juli 1931 an vom Fleischlieferungsvertrag **als Ganzem** zurücktreten, ohne daß dadurch die übrigen Bestimmungen des Pachtvertrages vom 2. Dezember 1927 berührt worden wären.

Das Verhalten des Widerbeklagten Max Ach ist sohin nicht zu beanstanden; der Widerkläger hat sich ja selbst in der Folgezeit damit abgefunden und niemals mehr die Weiterbestellung von Fleisch gefordert. Wahrscheinlich war er sich seines vertragswidrigen Verhaltens bewußt. Wenn er jetzt, unter Verdrehung der Tatsachen, aus dem berechtigten Verhalten des Widerbeklagten Ach die Ungültigkeit des Pachtvertrages vom 2. Dezember 1927 begründen will, kann er damit keinen Erfolg haben.

g) Die unter Ziff. 4 des Vertrages vom 2. Dezember 1927 vorgesehene, in den meisten Fällen übliche **Pachtkaution** (Staud. § 581 Anm. III B 3 d; II 9) wurde vom Widerbeklagten Ach auch geleistet. Es handelt sich nach dem Willen der Parteien um die Bestellung eines Pfandrechts; der Pfandgläubiger, auf dessen Namen die Pfandbriefe bei der Feldener Kreditbank hinterlegt sind, darf nur mit Zustimmung des Pfandbestellers die Pfandbriefe abheben. Daß Max Ach entgegen den mit seiner Schwester im Vertrag vom 2. Januar 1928 getroffenen Verabredungen die von Ida Alt eingebrachten 7%igen Goldpfandbriefe im Nenn- und Kurswert von 20000 RM. ohne Zustimmung seiner Schwester verpfändet hat, betrifft nur das zwischen diesen beiden Kontrahenten bestehende **Innenverhältnis.** Es ist kein Grund ersichtlich, aus welchem die in Ziff. 4 des Pachtvertrags vorgesehene Sicherheit für den Widerkläger wertlos sein sollte. Eine Vertragsverletzung des Max Ach gegenüber dem Widerkläger ist in der unbefugten Verpfändung nicht zu erblicken.

Die Verpfändung der als Inhaberschuldverschreibungen anzusehenden Goldpfandbriefe — welch letztere reine Forderungsrechte gegen die Bank verbriefen (Enneccerus, Lehrbuch des Bürgerlichen Rechts, 15./17. Aufl., Bd. II, 1 § 157a, II 2) — erfolgte gem. § 1293 nach den Vorschriften über das Pfandrecht an beweglichen Sachen §§ 1205, 1206. Da es sich nicht um gestohlene, verloren gegangene oder sonstwie abhanden gekommene Sachen handelt, kommt es auf den **überdies vorhandenen** guten Glauben des Beck gar nicht an (§§ 1293, 1207, 932, 934, 935).

h) **In Zusammenfassung** der bisherigen Ergebnisse können keine Vertragsverletzungen des Widerbeklagten Max Ach festgestellt werden, welche sowohl einzeln wie in ihrer Gesamtheit zur Lösung des ganzen Pachtvertrages berechtigen würden.

Unrichtig sind die Ausführungen des Vertreters des Widerklägers, daß der Pachtvertrag vom 2. Dezember 1927 ein einheitliches Ganze bilde, wovon nicht ohne weiteres ein Teil getrennt werden könne; hiezu wurde bereits unter II 3 f vorletzter Absatz Stellung genommen.

i) Der **am 2. Januar 1928** zwischen den beiden Widerbeklagten privatschriftlich abgeschlossene **Kommanditgesellschaftsvertrag** ist rechtsgültig. Eine Formvorschrift für Abschluß eines solchen Vertrages besteht nicht (Staub § 161 Anm. 14); insbesondere braucht § 313 nicht beachtet zu werden (Staub § 105 Anm. 41), da nicht Grundstücke, sondern nur das auf Grund rechtsgültigen Vertrages gepachtete Geschäft seitens des Max Ach in die Gesellschaft eingebracht wurde. Die seitens der Vertragschließenden gewählte Firmenbezeichnung entspricht dem Gesetz (§ 19 II u. IV HGB.), insbesondere ist der Zusatz „Gaststätte Zum weißen Rößl in Felden" nicht zu beanstanden: § 18 II letzter Satz (Staub § 18 Anm. 10 bis 12c).

Die Gesellschaft nur auf eine von vorneherein bestimmte Zeit abzuschließen, war zulässig: §§ 161, 131 HGB (Staub Anhang zu § 177 Anm. 1). Die Benennung der von Ida Alt zu leistenden Einlage genügt; daß und innerhalb welcher Zeit die Einlage geleistet werden soll, betrifft nur das Innenverhältnis. Die Stundung der Einlage ist gegenüber den Gläubigern unwirksam: § 172 III HGB. Da Schankwirte gem. § 1 II Ziff. 1 HGB. als Kaufleute kraft Gesetzes zu gelten haben (Staub § 1 Anm. 84, 29, 44), ist zur **Entstehung der Kommanditgesellschaft** Eintragung ins Handelsregister nicht erforderlich (Staub § 161 Anm. 10).

Der Pachtvertrag vom 2. Dezember 1927 ist durch den Gesellschaftsvertrag vom 2. Januar 1928 nicht betroffen worden.

Vertragsgegner für den Widerkläger aus dem Vertrag vom 2. Dezember 1927 sind und bleiben nach wie vor Max Ach als Pächter und Ida Alt als Bürgin. Rechtsirrig ist die Auffassung des Vertreters der Widerbeklagten, die Kommanditgesellschaft sei in den Pachtvertrag vom 2. Dezember 1927 eingetreten; diese hat vielmehr lediglich als Einlage des Max Ach das Pachtgeschäft übernommen, wobei letzterer sowohl für den Bestand als auch für Erfüllung des Pachtvertrages aufzukommen hat.

Eine Inanspruchnahme der Kommanditgesellschaft durch den Widerkläger entfällt; die beiden Widerbeklagten werden nicht in ihrer Eigenschaft als persönlich haftender Gesellschafter (Max Ach) bzw. als Kommanditistin (Ida Alt), sondern als Pächter bzw. Bürgin in Anspruch genommen.

4. a) Seiner rechtlichen Natur nach stellt sich das **am 22. Dezember 1930** zwischen dem Widerkläger und der Kommanditgesellschaft Max Ach und Cie., letztere vertreten durch den persönlich haftenden Gesellschafter Max Ach (§§ 164, 170 HGB.) **getroffene Übereinkommen** dar als Beteiligung eines stillen Gesellschafters an der Kommanditgesellschaft (§§ 335 ff. HGB.); dies ist als zulässig zu erachten (RGZ. Bd. 25 S. 41 ff.), auch wenn im Vertrage selbst die Bezeichnung als Gesellschaftsverhältnis nicht enthalten ist. Daß das von der Kommanditgesellschaft gepachtete Geschäft dem stillen Gesellschafter selbst gehört, steht dessen Beteiligung an der Gesellschaft nicht entgegen.

Ein Darlehensvertrag (§§ 607 ff.) liegt nicht vor, insbesondere mit Rücksicht auf die Bestimmung, daß Beck **am Verluste** der Gesellschaft teilnehmen solle. Diese Beteiligung am Geschäftsergebnisse spricht für die Natur des Kapitals als Einlage (Staud. Vorbem. vor §§ 607—610 Anm. 3b; RGZ. Bd. 20 S. 163; Staub § 335 Anm. 22). Auch ein partiarisches Darlehen, das insbesondere bei Zubilligung fester Zinsen und Beteiligung am Reingewinn vorliegt, kann nicht angenommen werden. Die Ansicht des Widerklägers, es handle sich um einen verschleierten Darlehensvertrag, ist unrichtig.

Eine Beteiligung des Widerklägers als Kommanditist kommt ebenfalls nicht in Betracht; er hätte in diesem Falle erklären müssen, er wolle bis zu einem bestimmten Betrage für die Dauer der Gesellschaft die von dieser einzugehenden vermögensrechtlichen Gefahren tragen helfen (Staub § 161 Anm. 7). Dies ist jedoch nicht geschehen.

Daß keine Gesellschaft des bürgerlichen Rechts (§§ 705 ff.) vorliegt und damit die Anwendbarkeit der Bestimmungen des BGB. entfällt, bedarf keiner weiteren Begründung; insbesondere fehlt die Vereinigung nach § 705.

Bei der tatsächlich bestehenden Beteiligung als stiller Gesellschafter (Staub § 335 Anm. 3—22) erfolgt Eintragung des stillen Gesellschafters in das Handelsregister nicht, da dieser Beitritt die Öffentlichkeit nicht interessiert (Staub § 335 Anm. 11).

b) Beck hat sich an dem Handelsgewerbe der Kommanditgesellschaft mit einer in das Vermögen der Gesellschaft übergehenden Vermögenseinlage beteiligt; **Vertragsgegner** für ihn ist demnach **die Kommanditgesellschaft.** Soweit bezüglich des Einlagevertrages vom 22. Dezember 1930 Ansprüche gegen Max Ach und Ida Alt erhoben werden, sind sie unbegründet, denn die Kommanditgesellschaft tritt nach außen unter ihrer Firma in Erscheinung. Unrichtig ist die Ansicht des Vertreters des Widerklägers, der persönlich haftende Gesellschafter könne an Stelle der Kommanditgesellschaft verklagt werden.

Die Widerklage auf Zahlung von 3000 RM. Zinsen und Rückzahlung der Einlage von 10000 RM., gerichtet gegen Max Ach und Ida Alt, ist sohin von vorneherein abzuweisen.

Ohne daß es für die Entscheidung noch weiter darauf ankommen hat, mag noch zu den einzelnen Vorbringen der Parteien Stellung genommen werden.

c) Abwegig ist es zunächst, den Einlagevertrag vom 22. Dezember 1930 in eine derartige Verbindung mit dem Pachtvertrag vom 2. Dezember 1927 zu bringen, daß die Auflösung des letzteren Vertrages auch die Unwirksamkeit des Einlagevertrages zur Folge hätte. Die Grundlage für den Einlagevertrag bildet der Gesellschaftsvertrag vom 2. Januar 1928; dieser aber ist gültig. Wäre der Pachtvertrag vom 2. Dezember

1927 wirklich ungültig, so müßte und könnte die an sich fortbestehende Kommanditgesellschaft ihre Tätigkeit in einem anderen Pachtanwesen fortsetzen.

Unrichtig ist ferner die Auffassung des Vertreters der Widerbeklagten, der Einlagevertrag sei wesentlicher Bestandteil des von Beck bezüglich der Fleischlieferung nur mangelhaft erfüllten Pachtvertrages; der Einlagevertrag ist vielmehr vollkommen selbständig.

d) Da es sich nicht um einen Darlehensvertrag handelt, entfällt die vom Vertreter des Widerklägers begründete Anwendbarkeit des § 610 ohne weiteres. Voraussetzung für diesen Fall wäre überdies, daß in der Vermögenslage des Darlehensempfangsberechtigten — hier also der Kommanditgesellschaft, nicht nur des persönlich haftenden Gesellschafters — eine wesentliche Verschlechterung (Staud. § 610 Anm. II 3a, b) eingetreten ist. Daraus, daß zur Hebung des Geschäftsumsatzes wesentliche Änderungen im Pachtanwesen vorgenommen werden mußten, kann noch nicht auf eine wesentliche Verschlechterung der Vermögenslage der Gesellschaft geschlossen werden, auch nicht ohne weiteres aus dem Ersuchen um Prolongation der Wechsel. Würde die Einlage geleistet werden, so könnten überdies alle die augenblicklichen Schwierigkeiten überwunden werden (Staud. § 610 Anm. II 3f).

Da nach dem Einlagevertrag vom 22. Dezember 1930 das Darlehen vor dem 1. Januar 1935 nicht zurückgefordert werden kann, ist der Anspruch des Widerklägers auf Rückzahlung der Einlage von 10000 RM., selbst wenn er gegen die Kommanditgesellschaft gerichtet wäre, unbegründet.

e) Eine **Auflösung des Beteiligungsverhältnisses** kann, wie bereits dargelegt, nicht stattfinden. Der Widerkläger ist demnach, entsprechend den Vereinbarungen des Einlagevertrages, verpflichtet, die weitere Einlage in Höhe von 20000 RM. zu leisten (Staub § 335 Anm. 19, 28ff.). Dieser seiner Verpflichtung ist er am Fälligkeitstermin (1. März 1932) nicht nachgekommen, er befindet sich sohin in Verzug (§ 284 II); es kann keine Rede davon sein, daß der Widerkläger bei Verweigerung der weiteren Einlage von seinem guten Recht Gebrauch machen kann.

Der Anspruch auf Entrichtung der Resteinlage steht der Kommanditgesellschaft, nicht dem persönlich haftenden Gesellschafter, zu.

f) Der Widerkläger kann von der Kommanditgesellschaft Max Ach und Cie. für die bereits geleistete Einlage von 10000 RM. den vorauszuentrichtenden Zins in Höhe von 1000 RM. beanspruchen. Da die Voraussetzungen des § 387 gegeben sind (Gegenseitigkeit, Gleichartigkeit, Gültigkeit und Fälligkeit der Haupt- und Gegenforderung) und ein vertraglicher oder gesetzlicher Ausschluß des Aufrechnungsrechtes (wie z. B. bei der Kommanditgesellschaft auf Aktien: §§ 320 III, 221 Satz 2 HGB.) nicht vorliegt, könnte die Zinsschuld der Kommanditgesellschaft aufrechnungsweise mit der Einlageforderung getilgt werden. Vorsorgliche Aufrechnungserklärung im Prozeß ist zulässig; sie stellt nicht eine Bedingung im Sinne des § 388 Satz 2 dar (Staud. § 388 Anm. II). Daß der Widerkläger, der seinerseits Aufrechnung nicht vorgenommen hat, dadurch arglistig handelt, kann nicht behauptet werden; bei Vorliegen der Voraussetzungen des § 387 hat der Schuldner das Recht der Aufrechnung; ob er davon Gebrauch machen will, steht in seinem Belieben (Staud. § 387 Anm. II).

Unberechtigt ist das **Zinsverlangen für den noch gar nicht abgeführten Einlagerest** von 20000 RM. Es verstößt gegen Treu und Glauben, wenn ein im Verzuge befindlicher Schuldner für den infolge der von ihm schuldhafterweise unterlassenen Leistung bei ihm selbst eingetretenen Gewinnausfall Schadenersatz fordern will; ein solcher Anspruch ist nicht begründet.

5. **Zusammenfassend und ergänzend** ist zu den Widerklageanträgen folgendes zu bemerken:

Die Verträge vom 2. Dezember 1927 und 22. Dezember 1930 sind ebenso wie die beiden Erbteilsverträge vom 1. Oktober 1927 als rechtsgültig und rechtswirksam zu erachten; damit entscheidet sich von selbst die Frage der Gültigkeit des Pachtvertrages vom 15. März 1927 in verneinendem Sinne.

Würden die Verträge vom 2. Dezember 1927 und 22. Dezember 1930 als unwirksam erachtet werden, so müßte allerdings vom Pächter, dem Widerbeklagten Max Ach, das Pachtanwesen sofort geräumt und die Einlage von 10000 RM. zurückerstattet werden; ferner müßte die Bereicherung, welche durch Einräumung des Genusses des Pachtanwesens bzw. der Einlage erzielt wurde, herausgegeben werden. Da Ida Alt nicht als Mitpächterin, sondern als Bürgin und Kommanditistin in Erscheinung tritt, kann von ihr Räumung des Pachtanwesens nicht verlangt werden. Die Bürgin haftet auch nicht im Falle der Aufhebung des Hauptvertrages für die Verpflichtung zur Rückgewähr des Geleisteten (Staud. § 765 Anm. 6; Fischer-Henle, BGB., 11. Auflage, § 765 Anm. 2).

Einen logischen Fehlschluß bedeutet es jedoch, wenn der Widerkläger unter Behauptung der Ungültigkeit der letztgenannten Verträge die auf diesen Verträgen beruhenden Leistungen — Pachtzins, Gewinnanteil — fordert.

Unrichtig ist es ferner, aus der Ungültigkeit dieser beiden Verträge das Wiederaufleben des Pachtvertrages vom 15. März 1927 schließen zu wollen; wie bereits ausgeführt, ist bestimmend für die Wirksamkeit dieses Vertrages **ausschließlich der Rechtsbestand der Erbteilsverträge** vom 2. Oktober 1927.

Infolge Gültigkeit des Pachtvertrages vom 2. Dezember 1927 kann Räumung des Pachtanwesens — Kündigung ist bis jetzt nicht erfolgt — nicht verlangt werden.

III.

Für die von den Klägern **unter Erweiterung ihres Klageantrages** begehrte Feststellung ist kein Raum, da es bei der als Inzidentfeststellungsklage (§ 280 ZPO.) zu erachtenden Klageerweiterung an der Voraussetzung, daß das Rechtsverhältnis erst im Laufe des Rechtsstreites streitig geworden ist, fehlt (Stein-J. § 280 Anm. II 1, 3). Ohne daß es für die weitere Entscheidung noch darauf anzukommen hat, mag unter Bezugnahme auf die bisherigen Ausführungen noch angedeutet werden, daß auch Ziff. 5 des Pachtvertrages vom 2. Dezember 1927 als gültige Vereinbarung anzusehen ist. Die Auffassung, der letztgenannte Pachtvertrag bestehe zwischen Beck und der Kommanditgesellschaft Max Ach und Cie., Gaststätte zum Weißen Rößl in Felden, ist unrichtig;

Vertragsgegner aus diesem Vertrag sind für Beck lediglich Max Ach als Pächter und Ida Alt als Bürgin.

Soweit Feststellung dahingehend begehrt wird, daß die vom Widerkläger erhobenen Zahlungs- und Räumungsansprüche nicht oder zur Zeit nicht begründet sind, handelt es sich um das Gegenteil des Inhalts der in der Widerklage enthaltenen Behauptungen, über die bereits bei Würdigung des Begehrens der Widerklage entschieden wurde.

Die weiteren Klageanträge des Widerbeklagten Max Ach sind daher abzuweisen.

IV.

Die **Entscheidung über die Vollstreckbarkeit** gilt als erlassen, ebenso

V.

die **Entscheidung im Kostenpunkt.**

gez. Klug. gez. Streng. gez. Scharf.

FSC
www.fsc.org
MIX
Papier | Fördert
gute Waldnutzung
FSC® C083411

Kolibri 360 GmbH
Ferdinand-Jühlke-Straße 7
99095 Erfurt, Deutschland
produktsicherheit@kolibri360.de